김은주 지음

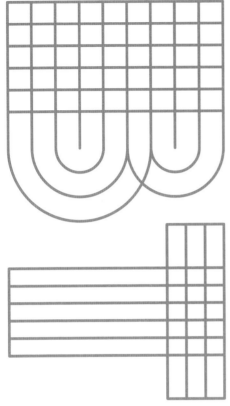

코로나 블루 시대에 BTS가 우리에게 말하는 이야기

World Conquest

희망은
반드시
시련을
품고 있다

박영story

나는 왜 BTS를 자랑하는가

"미네르바(지혜의 여신)의 부엉이는 황혼녘이 되어서야 비로소 날갯 짓을 한다"고 독일 철학자 게오르크 헤겔은 말했다. 대중의 소비가 '유 행을 따르기'보다 '개개인의 취향'에 따라 이루어지는 오늘날, 우리의 BTS는 고된 노력 끝에 미네르바의 부엉이처럼 날개를 펴고 있다.

한국 가수로서는 최초로 '빌보드 핫 100(The Billboard Hot 100)'에 서 1위를 차지했으며, UN 총회에서 연설하고, 미국 레코딩 아카데미 가 주최하는 그래미상(Grammy Awards) 수상자 후보로도 뽑혔다. 이 모두 BTS의 업적이다. 이제껏 "그런 날이 올까?"라던 사람들을 비웃기 라도 하듯이 BTS는 남들이 불가능하다던 일을 현실화했다. 한마디로 한국 대중음악계의 역사를 움직이고 있는 셈이다.

'대중문화'란 일반 민중의 문화와 상류층의 '고급진' 문화를 합친 것이다. 그래서 이성이나 합리성보다는 감성, 즉 마음에 호소하는 편 이다. 즉, 우리의 BTS는 그들의 노래를 듣는 사람들의 억압당하고 억 눌려진 마음을 건드리고 해방시키는 데 성공한 것이다.

이렇듯 BTS가 대한민국 음악사상 전무후무한 기록을 만들어낼 수 있게 해준 원동력은 바로 아미(A.R.M.Y: Adorable Representative M.C for Youth)라는 팬덤(fandom)이다. 같은 취향을 가진 사람들의 공동체가 가장 충성스러운 형태로 응집한 형태인 팬덤은 탈권위적·탈중심적인 오늘날의 포스트모더니즘문화와 잘 어울린다. 이는 기존의 대중음악과는 달리 생산자(가수)와 소비자(팬덤)의 경계가 유동적으로 변화하는 공유의 가치를 지향하고 있기 때문이다.

특히 상상력이 풍부한 개인들이 사회관계망 서비스(SNS) 등 인터넷을 기반으로 뭉치면서 형성된 공동체 아미는, 실용적이고 현실적이라는 면에서 기존의 K팝 가수들과는 거리가 먼 BTS가 성장하는 과정에서 최고의 파트너였다고 말할 수 있다. "우연히 좋은 쪽으로 사건이 발생하고 전개된다!!!"는 BTS의 말처럼……. 사실 BTS는 한국 사회에 내재된 구조적 억압, 불평등, 편견 등과 관련된 문제를 자기 세대의 눈으로 읽어내고 음악으로 표현했을 뿐이다. 그런데 전 세계 사람들이 여기에 공감한 것이다. 참으로 놀랍지 않은가!!!

이는 BTS의 노래가 인류의 공통적 감정을 건드렸기 때문이다. BTS의 노래가 현 세계를 바꿔야 할 이유를 제시하고, 그 길을 향해 나아가자고 호소하고 있기 때문이다. 특히 '코로나 블루(corona blue)', 즉 코로나19로 인한 우울증과 무기력이 확산되는 상황에서 위계에 의한 수직적 변화 대신 모두가 평등하게 참여하는 수평적 변화를 제시했기 때문이다.

이 책의 제1부에서는 소비지향적인 대중문화가 만들어낸 '철없는 여성들'을 대표하는 소위 '빠순이'나 '오빠 부대' 같은 것과는 다른 성숙한 팬덤 문화, 그리고 BTS의 노래가사에 담긴 철학적·심리적 고찰을 살펴보았다

제2부에서는 지금 BTS가 뜨는 이유와 팬덤 문화를 이끄는 아미의 심리를 해부했다.

제3부에서는 BTS 멤버들 각각의 인생관·연애관 그리고 성격 등을 심리학적으로 분석함으로써 BTS의 가치를 입증하고자 했다.

제4부에서는 BTS와 팬덤인 아미의 연대가 기존의 위계질서를 무력화하고 새로운 혼종적 변화를 이끄는 글로벌 콘텐츠를 만들어내는 과정과, BTS의 소속사인 빅히트 엔터테인먼트의 성공 요인을 분석했다.

나는 이 책으로 코로나19 때문에 고통을 받으며 혼돈과 불안 속에서 살아가는 전 세계인들을 위로해주면서 자존감도 높여주는 BTS에게 존경을 전달하고자 했다. 아울러 독자들 또한 이 책을 읽으면서 자기 자신에 대해 깊이 사유함으로써 더욱 성숙해지리라 기대한다. 음악에는 한 사람의 인생을 바꿀 수 있는 선한 의도가 있다고 보기 때문이다.

2021년 5월
김은주

BTS
희망은 반드시
시련을 품고 있다

Ⅰ

세상에 버려진
나의 꿈을 좇으며……

<KNOW我 KNOW我>
그리고 <ANSWER: LOVE MYSELF>

살아가면서 "난 최선을 다했어!"라고 생각하는데도 왜 행복하지 않을까? 나 자신을 사랑하지 않아서가 아닐까? 찰스 디킨스의 소설 『두 도시 이야기』의 이 구절이 생각난다.

> 최고의 시간이었고, 최악의 시간이었다. 지혜의 시대였고, 어리석음의 시대였다. 믿음의 세기였고, 불신의 세기였다. 빛의 계절이었고, 어둠의 계절이었다. 우리 곁에 모든 것이 있었고, 우리 앞에 아무것도 없었다. 우리 모두 천국으로 가고 있었고, 우리 모두 반대 방향으로 가고 있었다.

이처럼 우리 마음속 깊은 곳에서는 열등감과 우월감, 즉 타인에게서 인정을 받으려는 욕구와, 그렇지 못한 데 따른 좌절감이 항상 싸우고 있는 것이다. 사실, 현대인은 과장된 자의식 때문에 진정한 나를 잘 모른다. 그래서 늘 타인의 시선을 의식한다. 그런데 아침에 일어나

거울을 보면서 무슨 생각이 드는가? "난 역시 멋져!"라는 생각이 드는가? 그렇다면 당신에게는 희망이 있다.

현대인들의 마음속에서는 대개 "난 역시 멋져!"라는 자존감보다 "남들은 날 어떻게 볼까?" 하는 자존심이 더 세다. 자존심을 자존감으로 착각하기도 한다. 그래서 자신과 직접 마주하는 걸 두려워한다. 왜냐면 무의식적으로 나 자신을 싫어하기 때문이다. 이는 경쟁이 만연한 오늘날의 삶에 내 마음마저 묶여 있다 보니, "이럴 바에는 남들보다 우월해지고 싶다!"는 욕망이 솟아나서다. 내 욕망과 현실의 나 사이에 큰 괴리가 있어서다.

이렇듯 우리에게 정말 필요한 것은 '나 자신을 아는 것(KNOW我)'이다. 나 자신을 알아야만 나 자신을 사랑하는 데 필요한 힘도 생기니까. 남들이 나를 인정해주지 않을까봐 걱정하는 마음에서 벗어날 수 있으니까. 그러니 나 자신을 하찮은 사람으로 여기고서 깎아내리지 말자. 내가 지금 무슨 일을 하고 있든 나 자신을 사랑하면서 하자. 독일 철학자 프리드리히 니체도 "나 자신을 사랑하는 것은 나 자신을 정확히 아는 것에서 시작한다"고 하지 않았던가. 방탄소년단(Bulletproof Boys, 지금부터 'BTS'로 적겠다)도 <ANSWER: LOVE MYSELF>에서 이러한 니체의 철학을 노래한다.

어쩌면 누군가를
사랑하는 것보다
더 어려운 게 나 자신을
사랑하는 거야
솔직히 인정할 건 인정하자

니가 내린 잣대들은

너에게 더 엄격하단 걸

니 삶 속의 굵은 나이테

그 또한 너의 일부 너이기에

이제는 나 자신을

용서하자 버리기엔

우리 인생은 길어

미로 속에선 날 믿어

겨울이 지나면

다시 봄은 오는 거야

[중략]

왜 자꾸만 감추려고만 해

니 가면 속으로

내 실수로 생긴

흉터까지 다 내 별자린데

You've shown me I have reasons

I should love myself oh oh oh

내 숨 내 걸어온 길 전부로 답해

내 안에는 여전히 oh oh oh

서툰 내가 있지만 oh oh oh

You've shown me I have reasons

I should love myself oh oh

내 숨 내 걸어온 길 전부로 답해 oh oh oh

어제의 나 오늘의 나 내일의 나

I'm learning how to love myself

빠짐없이 남김없이 모두 다 나

_ <Answer: Love Myself> 중에서

젊은이들은 자신의 외모는 물론 성취마저도 남들의 시선으로 확인하고 또 인정받으려 한다. 이런 건 진정으로 자신을 사랑하는 행동이 아니다. 나 자신을 사랑한다는 것은 나 자신에 대한 집착이나 이기심, 혹은 내가 잘났다고 생각하는 것과는 다르다. 내 능력, 외모, 성격, 재능, 학력 등 나 자신의 모든 것을 있는 그대로 받아들이는 태도다.

나 자신을 있는 그대로 받아들일 수 있어야 나 자신을 알 수 있고 또 사랑할 수도 있다. 물론 스트레스가 너무 많이 쌓여서 나 자신이 못나 보이거나 미워질 때도 있기 마련이다. 그럴 땐 힐링할 수 있는 장소에 가서 나 자신을 쓰다듬어주자.

제2장

꿈과 현실의 이중간첩

한두 자녀 시대에 들어선 1980년대 이래 우리 사회에서는 엄마와 아이들의 사이가 더욱 돈독해졌다. 그래서 엄마 없이는 아무것도 할 수 없는 소위 '마마걸(Mama's Girl)/마마보이(Mama's Boy)'마저 나타났다. 이는 엄마와 아이를 동일시하는 '애착'이 지나치게 강해졌기 때문이다.

엄마는 아이가 자신과는 달리 멋지게 살기를 바란다. 그래서 아이에게 자신이 이루지 못한 성공에 대한 욕망을 투사한다. 아이는 그러한 엄마가 짜준 시간표 대로 어릴 때부터 생활한다. 이는 아이가 어른이 되어 직장생활이나 결혼생활을 하면서도 엄마의 간섭에서 벗어나지 못하는 원인이 된다. 성인이 되어서도 유아적인 사고방식과 행동방식을 버리지 못하는 것이다. 경제적·정신적으로 엄마에게서 독립하지 못하고, 사소한 문제에 대한 것마저 엄마의 조언을 구하고 따른다. 그래서 엄마가 만들어낸 '엄마의 인형들'은 오늘도 슬프고 안쓰럽다.

마마걸/마마보이 개인의 사정은 이렇지만, 신기하게도 마마걸/마마보이가 사회적으로 성공하는 경우도 드물지 않다. 자기 스스로 결정할 능력도 부족하고 자아도 약한 사람이 성공하는 경우가 많다니? 이는 마마걸/마마보이가 엄마의 기준에 맞춰 살았기 때문이다. 엄마가 좋은 대학에 입학하는 것과 좋은 직장에 들어가는 걸 목표로 하도록, 그래서 열심히 공부하도록 강요했기 때문이다.

그러나 대부분의 마마걸/마마보이들은 그저 엄마의 생각대로 움직이느라 생각과 판단을 스스로 할 줄 모르기에 사회생활을 제대로 하지 못하고, 심각할 경우 중대한 사회적 문제를 일으킨다. 자신의 의사와는 상관없이 엄마의 강요에 밀려 아주 어릴 때부터 입시를 준비해야 하고, 원하지 않는 진로를 걸어야 했기에 마음이 망가졌기 때문이다. BTS는 마마걸/마마보이로 살기를 강요당하는 청소년들의 고민을 담은 노래인 ＜No More Dream＞과 ＜N.O＞로 마마걸/마마보이들에게 사이다 같은 시원함을 선물한다.

얌마 니 꿈은 뭐니 (뭐니)

얌마 니 꿈은 뭐니 (뭐니)

얌마 니 꿈은 뭐니 (뭐니)

니 꿈은 겨우 그거니

I wanna big house, big cars & big rings (Uh)

But 사실은 I dun have any big dreams (Yeah)

하하 난 참 편하게 살어

꿈 따위 안 꿔도 아무도 뭐라 안 하잖어

전부 다다다 똑가같이 나처럼 생각하고 있어

새까까까맣게 까먹은 꿈 많던 어릴 적

대학은 걱정 마 멀리라도 갈 거니까

알았어 엄마 지금 독서실 간다니까

니가 꿈꿔온 니 모습이 뭐여

지금 니 거울 속엔 누가 보여 I gotta say

너의 길을 가라고

단 하루를 살아도

뭐라도 하라고

나약함은 담아둬

왜 말 못하고 있어? 공부는 하기 싫다면서

학교 때려 치기는 겁나지? 이거 봐 등교할 준비하네 벌써

철 좀 들어 제발 좀 너 입만 살아가지고 임마 유리멘탈 boy

(Stop!) 자신에게 물어봐 언제 니가 열심히 노력했냐고

_ <No more dream> 중에서

<No more dream>에서 BTS는 부모님들로 대표되는 어른들이 강요하는 공무원 등 '틀에 박힌 꿈'에 시달리는 청소년들의 현실에 대해 이야기한다. 그러면서 "너의 길을 가라고 / 단 하루를 살아도"라고 응원한다.

"좋은 집 좋은 차 그런 게 행복일 수 있을까?"라고 물으면서 시작하는 <N.O>는 더 도발적이다. "일등이 아니면 낙오로 구분 짓게 만든 건 틀에 가둔 건 어른이란 걸 쉽게 수긍 / 할 수밖에 단순하게 생각해도 약육강식 아래 / 친한 친구도 밟고 올라서게 만든 게 누구라 생각해 what?"라고 청소년들이 속을 털어놓을 수 있도록 이끌어주면서 "더는 나중이란 말로 안돼 / 더는 남의 꿈에 갇혀 살지 마 / We roll (We roll) We roll (We roll) We roll / Everybody say NO! / 정말 지금이 아니면 안돼 / 아직 아무것도 해본 게 없잖아"라는 말로 어른들이 만든 틀에서 벗어나라고 응원한다.

문득 "약하고 못난 사람들이 유난히 효자더라"라는 말이 떠오른다. 그러니까 마마걸/마마보이는 "어떻게 감히 엄마의 뜻을 거역하느냐!" 는 생각을 갖고 있기에 엄마의 뜻대로 살아가는 것이다. 마마걸/마마보이는 "현실에서 벗어날 생각은 없느냐?"는 사람들에게 "나만 보면서 살아온 엄마에게 효도는 커녕……!"이라는 이유를 대며 버럭 화를 내기까지 한다.

하지만 아이의 탄생이 곧 엄마의 희생을 의미하는 것은 아니다. 아이의 탄생 자체가 엄마에게는 가장 큰 선물이기 때문이다. 아이가 태어나 엄마의 젖을 빨면서 방긋방긋 웃어주고, 유치원 다니면서 재롱을 떨어주고, 바르게 자라주는 것, 그것만으로도 충분한 효도다. 그리고 가장 큰 효도는 야무지고 당당하게, 행복하게 살아가는 모습을 보여드리는 것이다. 사소한 일조차 스스로 판단하거나 결정하지 못해 엄마에게 "어떻게 해야 해?"라고 묻는 게 아니란 말이다.

제 3 장

소비사회의 N포 세대

2011년 한 언론사의 특집기사 덕분에 '3포 세대'라는 말이 유행했다. '3포 세대'란 연애·결혼·출산을 포기한 젊은이들을 가리켰다. 그 후 우리 젊은이들은 더 많은 것을 포기했다. 얼마나 많은 걸 포기했는지 파악하기도 어렵다 보니 5포(내 집 마련과 취업 포기 추가), 7포(인간관계와 꿈 포기 추가)에 이어 결국 'N포 세대'에 도달했다. 일본인들도 자기네 N포 세대 젊은이들을 '사토리(さとり) 세대'라고 부른다. 득도(得道), 즉 세상에 달관해 마치 수도승처럼 현실의 명리에 얽매이지 않고 초연하게 살아간다는 뜻이다. 물론 실상은 "취직을 못해 좌절한 나머지 삶에 대한 의욕과 희망을 잃고 무기력하게 살아간다"는 뜻이다.

2015년부터는 '금수저'니 '흙수저'니 같은 신조어들이 우리 사회의 상징이 되었다. 노력해도 좀처럼 가난의 굴레에서 벗어나기 힘든 극심한 양극화에 따른 젊은이들의 좌절감을 나타낸 것이다. 이는 출세를 위한 무한경쟁을 부추기는 기성세대에 대한 젊은이들의 저항, 경제 성장과 소비를 최우선 과제로 삼는 자본주의체제에 대한 반발의 상징이기도 하다. 이런 상황에서 젊은이들은 스트레스 해소를 위해 새로운 소비문화를 추구하게 된다. 그것은 '소확행(작지만 확실한 행복)'이었다.

소확행은 일본 소설가 무라카미 하루키가 1986년 발표한 『랑게르한스 섬의 오후』라는 에세이에 처음 쓴 표현이라고 한다. 그리고 1991년부터 일본의 버블경제가 붕괴하면서 발생한 경기 침체 덕분에 유행하기 시작했다. 큰 행복을 얻기 힘들게 되자 작은 행복이나마 추구하려는 젊은이들의 심리 상태를 보여주는 것이다. 불확실한 미래에 대한 불안감도 내포되어 있다.

그럼 이러한 상황에 대한 책임은 과연 누가 질 것인가? 아마도 신자유주의일 것이다. 신자유주의는 1980년대부터 미국과 영국에서 급부상한 경제 이데올로기로, 시장이 부자들 위주로 굴러가도록 국가가 시장에 아주 적게 간섭하자는 것이다. 이렇게 되면 부자는 더욱 큰 부자가 되고, 흙수저 신세를 벗어나려는 사람들은 부자에게서 많은 빚을 지면서 사업을 하거나 투자를 했다가 결국 부자들이 형성한 현실의 벽에 부딪쳐 가난해지고 사회의 밑바닥으로 내동댕이쳐진다. 결국 흙수저 신세를 벗어나지 못하는 젊은이들은 꿈을 포기하고 불안감, 무기력, 상실감에 시달린다. 이런 흙수저들에게 지속 가능한 희망을 주기 위해 BTS는 다음과 같이 외친다.

3포 세대? 5포 세대?
그럼 난 육포가 좋으니까 6포 세대?
언론과 어른들은 의지가 없다며 우릴 싹 주식처럼 매도해 왜
해 보기도 전에 죽여 걔넨 enemy enemy enemy
왜 벌써부터 고개를 숙여 받아 energy energy energy

절대 마 포기 you know you not lonely
너와 내 새벽은 낮보다 예뻐
So can I get a little bit of hope? (yeah)
잠든 청춘을 깨워 go

_ <쩔어> 중에서

흙수저 상태에서 탈출하자는 이 BTS의 메시지에 오늘날의 젊은이
라면 누구든 공감할 것이다. 우리 젊은이들이 포기하지 않고 나아가려
는 긍정적 에너지를 가지고 있음을 어느 누구도 부정할 수 없기에, 우
리는 오늘도 BTS의 위로와 격려 덕분에 용기를 내본다!

제 4 장

이룰 수 없다 해도 괜찮아!

과연 운명과의 싸움은 이길 가능성이 낮은 싸움일까? 정말 이길 가능성이 낮다면 우리 젊은이들은 어떤 선택을 할 것인가? 실제로 미래에 대한 걱정에 시달리는 사람들 중 상당수가 20대라고 한다. 미래에 대한 걱정은 더 안전한 삶을 추구하기 위한 것이니 꼭 문제라고 보기는 어렵다. 아니, 어쩌면 필수적인 것이다.

"환희는 그 자체가 가치가 있는 것, 삶에서 가치가 있는 것을 인식하는 것이다"라고 영국 철학자 마크 롤랜즈도 말하지 않았던가. 미래는 "나도 할 수 있다!"는 확신을 가지고서 스스로 만들어나가는 것이다. BTS도 <RUN>에서 "운명의 존재를 인정하되 그것을 무조건 따르지 말고, 마치 고무줄에 묶인 공처럼, 가질 수 없어도 무조건 일단 달리라"고 말하지 않는가. 청춘 자체가 젊은이의 가치라고, 젊은이의 삶 자체가 사랑할 만한 가치가 있다고 말하지 않는가.

다시 Run Run Run 난 멈출 수가 없어
또 Run Run Run 난 어쩔 수가 없어
어차피 이것밖에 난 못해
너를 사랑하는 것 밖엔 못해
다시 Run Run Run 넘어져도 괜찮아
또 Run Run Run 좀 다쳐도 괜찮아
가질 수 없다 해도 난 족해
바보 같은 운명아 나를 욕해
(Run)
Don't tell me bye bye
(Run)
You make me cry cry
(Run)
Love is a lie lie
Don't tell me, don't tell me
Don't tell me bye bye

_ <RUN> 중에서

BTS는 또한 <INTRO: Never Mind>에서 실패를 두려워하지 말라고 외친다. 흉터가 남아도 더 큰 용기를 내어 운명에 도전해야만 더 큰 능력을 갖춘 사람이 된다고 한다. 물론 결코 말처럼 쉽지는 않겠지만, 어려운 도전을 위한 용기를 내라고 말하는 것이다.

🎧

I don't give a shit
I don't give a fuck
하루 수백 번
입버릇처럼 말했던
내게서 신경 꺼
실패나 좌절 맛보고
고개 숙여도 돼
우리는 아직 젊고 어려
걱정 붙들어매
구르지 않는 돌에는 필시
끼기 마련이거든 이끼
돌아갈 수 없다면 직진
실수 따윈 모두 다 잊길
Never mind
쉽진 않지만
가슴에 새겨놔
부딪힐 것 같으면
더 세게 밟아 임마

Never mind
never mind
그 어떤 가시밭 길이라도
뛰어가

_ <INTRO: Never Mind> 중에서

"우리가 불행한 이유는 환경 때문이 아니라, 행복해질 용기가 부족하기 때문이다"라고 용기에 대해 연구한 심리학자 알프레드 아들러는 말했다. 아들러의 말대로라면 우리가 운명에 도전하고 싶어하는 이유는 나 자신이 바로 변하지 못하기 때문인 것이다. 그런데 인생이란 끊임없이 오르내리는 과정의 연속임을 잘 알면서도, 우리는 미래가 마음먹은 대로 흘러가지 않을 듯해 두려워한다. 혹시라도 실패하고 실수할까봐 지레 근심하는 것이다.

　이처럼 두려움에 사로잡힌 이들에게 "두려워 하지마! 지나고 나면 별 거 아냐! 이 또한 지나간다고!"라고 BTS는 말하는 것이다. 더군다나 우리의 젊은이들에게는 "실패를 두려워 말고 일단 질러볼 수 있는" 특권이 있지 않은가!

제 5 장
청춘들의 좌절된 욕망에서

인류 역사상 부의 분배가 완벽할 정도로 평등하게 이루어지는 세상이 있었던가?

모든 인간은 평등하다면서 왜 계급이 존재할까?

사실 서열(계급) 정하기는 다른 동물들도 할 정도로 본능 같은 것이고, 인도에서는 현재 불법이라는 카스트 제도가 실제로는 여전히 존재한다. 1894년 갑오개혁으로 신분제가 폐지된 대한민국 또한 "돈을 얼마나 가졌는가, 얼마나 버는가" 등으로 계급이 나뉜다. 더구나 부유한 사람은 자식들에게 더욱 양질의 교육을 시킴으로써 부를 대물림할 수 있으니 한국식 계급사회는 더더욱 단단해진다. 그래서 "누구는 금수저고, 나는 흙수저고" 같은 말을 우리 젊은이들이 하고 있는 것이다. 그러니 우리 젊은이들은 힘들다.

이런 대한민국에서 사는 우리 젊은이들의 꿈은 어느새 "돈을 많이 벌고 싶어요!"가 되어버렸다. "돈이 많은 사람이 곧 착한 사람이잖아요"라고 당연하다는 듯이 말하는 젊은이들도 있다. 즉, "무슨 일을 하든 돈만 잘 벌면 그만! 돈을 잘 벌어 물질적으로 풍요로워지면 행복해진다!"라는 물질주의적 사고방식에 우리 젊은이들이 지배당하고 있는 것이다. 이렇다 보니 우리 젊은이들 중에는 환경운동에 참여하거나 불쌍한 사람들을 돕는 이타적인 사람들을 바보 취급하는 이들도 많다. 이렇듯 "정직하게 성실하게 번 돈이 가장 아름답다"는 생각을 비웃는 우리 젊은이들에게 BTS는 외친다.

아 노력노력 타령 좀 그만둬
아 오그라들어 내 두 손발도
아 노력 노력 아 노력 노력
아 노랗구나 싹수가
역시 황새
노력타령 좀 그만둬
아 오그라들어 내 두 손발도
아 노력 노력 아 노력 노력
아 노랗구나 싹수가

_ <뱁새> 중에서

　　<뱁새>의 가사에는 황새와 뱁새가 등장한다. 뱁새는 키가 약 13센티미터 정도인 작은 새이고, 황새는 키가 무려 1미터나 되는 큰 새다. 뱁새는 흙수저이자 우리 젊은이들을 비유하고, 황새는 금수저 혹은 "요즘 젊은이들은 노력을 안 한다"고 질타하는 기성세대를 비유한다. 물론 "뱁새가 황새 따라하다가 가랑이가 찢어진다"는 속담마저 있는 게 현실이다.

They call me 뱁새
욕봤지 이 세대
빨리 chase 'em
황새 덕에 내 가랑인 탱탱
So call me 뱁새
욕봤지 이 세대
빨리 chase 'em
금수저로 태어난 내 선생님

_ <뱁새> 중에서

"황새 덕에 내 가랑인 탱탱"은 뱁새가 황새를 쫓아가다가 가랑이가 찢어지고 부어서 탱탱하다는 뜻이다. "금수저로 태어난 내 선생님"은 학생들에게 너무나 당연하다는 듯이 노력하라고 꾸짖는 선생님(기성세대)들을 비꼬는 말이다.

룰 바꿔 change change
황새들은 원해 원해 maintain
그렇게는 안 되지 BANG BANG
이건 정상이 아냐
이건 정상이 아냐

_ <뱁새> 중에서

"황새들은 원해 원해 maintain"은 금수저나 기성세대가 이 상황을 바꾸기를 원치 않는다는 뜻이다. 그래서 BTS는 돈을 얼마나 가졌는지로 또는 돈벌이 능력으로 다른 사람들을 재단하는, 돈으로 계급을 나누는 잘못된 사고방식을 불태워버리고 힘차게 새출발하자고 강력히 요구한다.

이렇듯 BTS는 우리 젊은이들을 좌절시키는 게 무엇인지 찾아내고 공격한다. "불공정한 조건에서의 경쟁은 진정 정의로운 것이 아니다", "지금과 같은 불공정한 세상을 내 노력만으로는 극복할 수 없으니, 결국 내 탓이 아니다"라고 우리 젊은이들을 대신해 외치고 있는 것이다. 플라톤의 '이상국가'나 토머스 모어의 '유토피아'처럼 완벽한 평등이 실현된 사회 같은 것까지는 원하지도 않으니, 제발 불공정함을 없애기 위한 합리적인 시스템을 도입해달라고, 황새(금수저)와 뱁새(흙수저)가 공정하게 경쟁할 수 있도록 룰을 개선해달라고 외치는 것이다.

제 6 장

'코로나 블루' OUT!

2019년 11월부터 시작된 코로나19 사태가 1년 넘게 장기화되자 '코로나 블루(corona blue)', 즉 코로나19로 인한 우울증과 무기력마저 확산되고 있다. 인류의 정신건강에도 빨간불이 들어온 것이다. 학교에 갈 수 없는 학생들, 직장에서 해고당한 가장들, 영업할 수 없는 소상공인까지……. 당연히 우울증에 시달릴 수밖에 없다. 대책이 없을까?

사실 전염병의 판데믹(Pandemic, 세계적 대유행)은 세계사를 뒤흔들어왔다. 세계 정복에 나선 몽골군에 의해 아시아에서 유럽까지 확산된 페스트라든가, 제1차 세계대전 끝 무렵인 1918년에 시작해 불과 2년간 최대 5천만 명을 죽인 스페인 독감, 그리고 이제는 코로나19까지……. 물론 개개인의 삶이 뿌리째 흔들린 경우도 무수히 많다. 명나라를 세운 주원장도 전염병 때문에 어릴 때 고아가 되고, 자신의 부하들이 되어준 홍건적의 멤버가 될 때까지 거지로 살았다고 한다.

특히 1346년부터 유럽을 강타한 페스트는 역사상 가장 참혹한 전염병으로 기록되어 있다. 당시 유럽 인구의 최대 절반 정도가 이 페스트로 사망했으니까 말이다. 병에 걸리면 시신이 검게 타들어가면서 엄청난 고통 속에서 죽는다고 해서 '흑사병(黑死病, Plague)'이라는 무시무시한 이름이 붙었다는데, 전염성도 엄청나서 당시 사람들은 눈만 마주쳐도 옮는다고 믿었다. 그래서 건강한 귀족들은 스스로를 사회에서 격리하려고 했고, 그 과정에서 자신의 삶을 되돌아보는 기회를 갖게 되면서 그간의 행적도 기록하기에 이르렀다.

이탈리아 르네상스의 대표 작가 죠반니 보카치오의 『데카메론 (Decameron)』도 그런 분위기에서 탄생했다고 한다. 『데카메론』은 페스트가 이탈리아의 주요 도시국가였던 피렌체를 강타하자, 귀족 남녀 10명이 시골로 피난 간 뒤 10일간 하루에 각자 한 가지씩 이야기를 풀어놓은, 그렇게 해서 나온 총 100개의 이야기를 묶은 책이다. 결국 다른 사람들도 이 모임에 들어오려는 조짐이 있자 해산하면서 끝난다.

사실 페스트에 대해 이야기할 때에는 이렇듯 역설적으로 '르네상스'를 떠올리지 않을 수 없다. 페스트는 엄격한 종교적 삶에 매여 있던 유럽인들이 개성과 이성의 세계에 눈을 뜨게 해주었기 때문이다. 스페인 독감도 20세기 초반의 불과 2년간 인류에게 엄청난 상처를 남겼지만, 문학·예술 분야에서는 이로 인해 전통적인 것을 부정하는 다다이즘(dadaism)과 초현실주의가 나타났다.

이러한 역사적 사례는 우리가 코로나19 사태 이후의 시대를 가늠하는 데 도움을 줄 것이다. 물론 BTS도 코로나19 사태로 고통받는 사람들에게 위로와 격려를 전하고 있다. 코로나19 사태가 한창이던 2020년에 기적처럼 발매된 <다이너마이트(Dynamite)>가 대표적이다. 2주 연속 미국 '빌보드 핫 100(The Billboard Hot 100)'에서 1위를 차지한 <다이너마이트>는 행복과 기쁨, 긍정의 메시지를 노래하고 있다. 그래서 <다이너마이트>는 코로나 블루에 빠진 일상을 위한 힐링송(healing-song)이다. BTS는 자신들이 가장 잘하고 또 좋아하는 춤과 노래로 사람들을 즐겁게, 모두를 행복하게 만들면 자신들도 행복해진다는 것을 보여주었다. 실제로 <다이너마이트>를 듣고 흥얼거리노라면 정말 행복해진다.

Shoes on, get up in the morn' Cup of milk, let's rock and roll
아침에 일어나 신발 신고 우유 한 잔, 이제 시작해볼까
King Kong kick the drum rolling on like a rolling stone
킹콩 드럼을 연주해, 구르는 돌처럼 거침없이
Sing song when I'm walking home
집으로 걸어가며 노래해
Jump up to the top LeBron
높이 뛰어 올라 마치 LeBron처럼
Ding dong call me on my phone Ice tea and a game of ping pong
딩동, 전화 줘 아이스티 한 잔과 탁구 한 판

[중략]

'Cause ah, ah, I'm in the stars tonight
오늘밤 난 별들 속에 있으니
So watch me bring the fire and set the night alight (Hey)
내 안의 불꽃들로 이 밤을 찬란히 밝히는 걸 지켜봐
Shining through the city with a little funk and soul
펑크와 소울로 이 도시를 밝혀
So I'ma light it up like dynamite, woah
빛으로 물들일 거야 다이너마이트처럼

Dynnnnnanana, life is dynamite
Dynnnnnanana, 인생은 다이너마이트
Dynnnnnanana, life is dynamite
Dynnnnnanana, 인생은 다이너마이트

Shining through the city with a little funk and soul
펑크와 소울로 난 온 도시를 반짝여
So I'ma light it up like dynamite, woah
빛으로 물들일 거야 다이너마이트처럼

Dynnnnnanana, ayy
Dynnnnnanana, ayy
Dynnnnnanana, ayy
Light it up like dynamite
환하게 불을 밝힐 거야 다이너마이트처럼

Dynnnnnanana, ayy
Dynnnnnanana, ayy
Dynnnnnanana, ayy
Light it up like dynamite
환하게 불을 밝힐 거야 다이너마이트처럼

_ <다이너마이트(Dynamite)> 중에서

　<다이너마이트>의 가사는 소소한 일상의 순간순간을 통해 삶의
소중함과 인생의 특별함을 이야기한다. 중독성 강한 신나는 리듬에 유
쾌하면서 역동적인 퍼포먼스도 더한다. "힘든 상황이지만 각자 할 수
있는 걸 하자. 춤과 노래로 자유와 행복을 찾자!"는 메시지가 담겨 있

다. 역시 BTS만의 음악이다.

미국 심리학자 마틴 셀리그먼은 고통스럽거나 혐오스러운 자극을 반복적으로 받으면 어느덧 이로부터 벗어나지도 회피하지도 못하게 된다고 말한다. 그 사례로 '서커스단의 코끼리'를 들었다. 야생에서 잡힌 뒤 서커스단에 팔려온 어린 코끼리의 다리에 쇠사슬을 채우고 튼튼한 말뚝에 묶어놓는다. 어린 코끼리는 처음에는 격하게 저항하지만 풀수 없음을 깨닫고 자신의 처지에 순응한다. 그러면 어른이 되어서도 저항하거나 도망치지 않는다. 썩은 나무토막에 새끼줄로 매달아놔도 말이다.

이렇듯 학습된 무기력에 빠진 코끼리처럼 살아갈 것인가, 아니면 BTS가 전하는 힐링송을 들으면서 코로나 이후의 시대, 아마도 비대면·비접촉 시스템이 일상화된 4차 산업혁명의 르네상스가 펼쳐질 시대를 맞이할 것인가? 선택은 여러분의 몫이다!!!

BTS

희망은 반드시
시련을 품고 있다

Ⅱ

지금 왜 BTS인가?

제1장

BTS와 그들의 팬덤인 아미의 생태계

인간은 유한한 존재다. 언젠가는 죽어서 자연으로 돌아갈 존재다. 한 시대를 풍미했던 위대한 스타들인 마이클 잭슨, 롤링 스톤스, 앨비스 프레슬리, 비틀스도 예외가 아니었다. 그러나 이들의 팬들은 단지 수동적으로 '숭배의 대상'이 만든 콘텐츠만을 소비했다. 인터넷, 특히 사회관계망 서비스(SNS)처럼 팬들이 스타에게 피드백해주는 데 필요한 쌍방향 소통 기술이 아직 발전하기 전이었기 때문이다.

1990년대부터 인터넷이 활성화되자 스타와 팬들이 수평적 관계를 맺는 혁명적 구조 변화가 나타났다. 예를 들어, 트위터에서 팬들이 "@BTS_twe……"이라며 실시간으로 말을 걸어온다. 그러면 BTS는 아무렇지 않게 대답해주는 친구가, '이웃에 사는 친근한 영웅'이 된다. BTS는 이렇듯 음악의 재능만큼이나 중요한 올바른 인성을 갖췄다. 그래서 '아미'라 불리는 BTS의 팬들은 감동한다. 기존의 거들먹거리는 스타에게서는 볼 수 없었던, 팬들을 배려해주면서 함께 성장해나가는 동무 같은 모습을 갖췄기 때문이다. 이렇듯 다양한 연대야말로 BTS의 근원적인 힘이다.

BTS의 콘서트에서 '아미는 BTS의 얼굴'이라는 BTS 팬덤의 캠페인을 본 적이 있는가? 이는 아미가 BTS의 공식 팬덤이기 때문이다. 아미(A.R.M.Y)는 Adorable Representative M.C for Youth(청춘의 사랑스러운 대변인)의 약자다. 아울러 "군대(Army)처럼 BTS와 팬이 늘 함께한다"를 의미한다.

팬들의 맹목적 충성은 팬들과 스타가 자신들의 허물을 보지 못하게 하지만, BTS의 팬클럽 아미는 다르다. 역으로 언론 등 권력화한 기존 매체들의 고착화된 허물을 드러내 보이면서 재편하고 있다. 그래서 미국 사회운동가 제러미 하이먼즈는 BTS를 '신권력(New Power)'이라고, 아미를 신권력의 실행통로라고 평했다. 아미가 신권력의 실행통로일 수 있는 이유는 점처럼 존재하는 '세계 시민'으로 이루어져서다. 전세계에 퍼져 있는 아미들은 BTS를 전파하기 위해 자발적으로 BTS의 콘텐츠를 퍼뜨리고, 세계적 무대에서 수상시키기 위해 조직적으로 뭉쳐서 움직인다.

더 나아가 기존의 팬들처럼 스타의 콘텐츠를 단순히 소비하는 데 그치지 않고, BTS와 융합해 새로운 팬덤(fandom) 문화로 진화시켰다. 아미가 사랑하는 BTS는 그 덕분에 '21세기의 비틀스'로 불리게 되었다. 미국의 대표 방송사 CNN이 아미를 "세계에서 가장 강력한 팬덤 중 하나"로 평가한 이유도 이 때문이다. 구체적으로 CNN은 "충성스러운 팔로워 수백만 명이 가입한 팬클럽 아미는 BTS가 음악계 기록을 새로 쓰게 만들 정도로 강력한 영향력을 행사한다"고 주장했다.

아미는 왜 BTS를 사랑할까?

아미가 BTS를 사랑하는 이유는 우리의 시대와 젊은이들로부터 공감을 이끌어내는 BTS의 메시지와 친근함 때문이다. 즉, BTS와 아미 사이의 호혜적 개념이야말로 BTS가 서구의 다른 팝 그룹들과 차별화되는 이유라고 말할 수 있다. 그래서 아미는 BTS의 단순한 팬클럽이 아니라 BTS와의 강력한 융합물이 될 수 있었던 것이다. BTS와 아미는 SNS를 통한 직접 소통으로 융합되면서 기존의 팬덤 문화를 초월했다. 그래서 아미는 인터넷 커뮤니티를 통해 BTS에 대한 정보를 자발적으로 공유하고 있는 것이다.

아미의 결속력은 스타 관련 굿즈(Goods, 팬들을 대상으로 하는 상품)나 행사 티켓 구매 등 물질적 소비에 치중하는 다른 팬덤들과는 달리 BTS의 팬덤 활동 과정에서의 직간접 경험에 따른 가치의 소비로 이루어진다. 또한 아미는 BTS가 전하는 "너 자신을 사랑해!"라는 메시지, 꿈을 실현할 수 있도록 이끌어주는 메시지, "코로나 블루에 빠지지 말고 힘내!"라는 메시지, "네 자아를 실현해!"라는 메시지 등에 귀 기울이고 있다.

더군다나 아미는 멤버들의 연령을 주로 10~20대로 설정하고, "아미 멤버 한 명을 감동시키면, 그 멤버를 중심으로 보다 많은 이들의 마음을 움직일 수 있다"는 생각에 따라 서로 열심히 소통하고 있다. 이는 K팝(K-POP) 역사상 전무후무한 결과로 이어졌다. 2013년에 데뷔한 BTS는 이렇듯 아미와 융합해 국경 없는 공동체로 진화함으로써 한국을 넘어 민족·언어·성별 등에 상관없이 오늘도 온 지구인들을 열광시키고 있다.

BTS는 어떻게 세계적 대세가 되었을까?

오늘날 음악 분야의 대세가 된 것은 물론 2주 연속 미국 '빌보드 핫 100'에서 1위를 차지한 BTS다. 하지만 "지금은 한 물 갔지?"라는 말을 듣는 J팝이 아시아 음악의 맹주였던 때도 있었다. 1990~2000년대 한국에서도 일부 중고교생들이 일본제 카세트플레이어인 워크맨(Walkman)으로 엑스재팬, 스마프, 아라시 등이 부르는 일본의 대중가요를 들으면서 일본의 앞서가던 문화적 감수성을 부러워했었다.

그런데 2013년에 드디어 혜성처럼 나타나 K팝을 대표하기에 이른 BTS가 J팝의 아성을 누르고 세계 제패를 하기에 이르렀다. 사실 K팝은 단순한 음악 장르가 아니다. 노래, 랩(Rap), 퍼포먼스(performance) 등이 종합된 예술, 바로 대한민국의 자부심이다. 그리하여 아시아 대중음악의 중심이던 J팝이 알게 모르게 조금씩 침몰하는 가운데 K팝의 시대가 왔다. 그렇다면 이러한 현상은 왜 일어났을까?

아이돌 하나가 탄생하려면 두 가지 조건이 필요하다. 일단 데뷔 때의 나이가 10대여야 하고, 다른 하나는 아이돌 육성에 필요한 자금과 기획 노하우가 포함된 제작 시스템이다. 일본의 J팝 아이돌도 수십 년 전부터 이렇게 육성되어온 것이다. 그런데 J팝과 K팝의 아이돌 육성 과정에는 다음과 같은 차이점이 있다.

첫째, J팝에 대해 이야기할 때 J록(J-ROCK)에 관한 내용을 분리할 만큼 일본에서는 록(ROCK)이 발달했다. 그래서 J팝도 록을 통해 일본의 독특한 문화를 표현하고 있다. 반면 K팝은 힙합(Hip Hop), 알앤비(R&B, Rhythm and Blues), 일렉트로팝(Electropop) 등 미국과 유럽에서 유행하는 음악 스타일에 '국밥' 등으로 대표되는 한국 특유의 '뒤섞기 문화'가 결합되었다. 물론 K팝은 초기에 J팝의 영향을 받았다. 하지만 거듭된 진화로 K팝은 대중이 원하던 리듬과 멜로디를 갖췄다. 그러나 J팝은 일본만의 색깔을 계속 고집해 폐쇄적이라는 평을 들었다. 즉, 일본 아이돌이 부르는 곡은 J팝만의 특색인 록의 색채가 지나치게 뚜렷했던 것이다.

둘째, 아이돌을 육성하는 방식의 차이다. K팝과 J팝의 아이돌 육성 방식은 세부적인 면에서 상당히 다르다. 먼저 K팝 아이돌은 어린 나이에도 불구하고 완벽한 퍼포먼스를 추구하도록 강한 훈련을 받는다. 인위적인 가창 훈련, 비보이(B-boy)에 버금가는 안무 훈련, 신체 단련, 외국어 학습, 매너 훈련까지 이루어진다. 이렇게 육성된 K팝 아이돌에게는 실수가 용납되지 않는다. 그러나 J팝 아이돌은 완벽함을 추구하는 대신, 일부러 어설프고 불완전한 모습을 보이는 편이다. 대중이 그런 걸 더 원한다고 여기기 때문이다.

셋째, 아이돌로 활동할 수 있는 기간 면에서도 K팝과 J팝은 확연히 다르다. K팝 유명 아이돌 그룹의 평균 수명은 5년 안팎이다. 최고의 인기를 구가했던 HOT, 젝스키스, 동방신기, GOD 등도 그러했다. 그러나 J팝 아이돌의 수명은 훨씬 길다. 스마프, 아라시, 킨키 키즈, 캇툰 등은 데뷔한 지 15~20년이다. 즉, K팝 아이돌은 한국 특유의 '빨리빨리' 문화를 반영하듯이 트렌드에 민감한 반면, J팝 아이돌은 일본의 대물림하는 공방마냥 자기 영역을 오랫동안 유지하는 편이다.

넷째, 대한민국은 IT 강국답게 미디어 환경이 지속적으로 변하면서 음악 소비자들의 소비 행태와 디지털 문화 환경도 변화했다. K팝도 이로부터 큰 영향을 받았다. 현재 K팝은 스트리밍 서비스를 통해 유튜브 콘텐츠를 빠르게 제공함으로써 J팝시장을 눌렀다. 디지털 문화 환경에 맞추는 데 K팝이 J팝보다 민첩했던 것이다. 이전까지 미디어의 소통 방식이 콘텐츠 생산자로부터 소비자로의 일방향적이었다면, 새로운 미디어의 소통 방식은 콘텐츠 생산자와 소비자 간에 언제든 쌍방향으로 이루어지는 것이다. K팝 아이돌은 여기에 성공적으로 적응한 것이다.

현재 한국에서는 아프리카TV를 통해 콘텐츠 생산자와 소비자가 영상과 텍스트로 소통하면서 실시간으로 콘텐츠를 재생산하는 방식이 널리 보급되어 있다. 또한 유튜브 라이브나 트위치도 쌍방향 방송으로 미디어 서비스를 제공하고 있다. 미국 사회학자 랜달 콜린스는 개인들 간의 상호관계에서 정서적 에너지가 생성된다고 했다. 즉, 디지털 환경에서 상호작용과 소통이 매우 중요하다는 것이다. 그래서 BTS의 멤버들도 SNS와 유튜브를 적극 활용해 팬과 직접 소통하거나 일상의 모습을 보여주며 친밀감을 쌓았다. 그래서 해외 팬들마저 BTS가 만든 엄청난 양의 콘텐츠를 보며 마음껏 '덕질'을 할 수 있었다.

현재 인류는 뒷일을 예측하는 게 도저히 불가능할 정도로 빨리 4차 산업혁명 시대를 맞이하고 있다. 그래서 민첩하지 못한 삶의 방식으로는 새로운 시대에서 살아남기 어려울 것이다. 지금 한국의 디지털 환경은 초고속으로 성장하고 있다. 그러니 국내 엔터테인먼트산업 종사자들과 연예기획사들은 이러한 디지털 환경 변화에 맞춰야 할 것이다. 즉, 다른 K팝 아이돌들도 BTS처럼 디지털 환경을 통해 더욱 적극적·진취적으로 팬덤에게 다가감으로써 '늘 팬들과 함께하는 아이돌'이 되어야 한다.

제 2 장

𐄁𐄁

BTS의 전 세계적 팬덤, 아미

BTS가 보여주는 진정성의 원천은 바로 자발성과 개성이다. 스스로 생각하고 표현하는 것이 BTS 음악의 원천적인 힘이다. 그래서 국경을 넘어 전 세계 다양한 팬들의 마음을 위로하고 감동도 줄 수 있는 것이다.

이쯤에서 팬덤의 의미를 확인해보자. 팬덤(fandom)은 '열정적인'을 뜻하는 영단어 'fanatic'의 'fan-'과 '국가'를 뜻하는 접미사 '-dom'으로 이루어진, 특정 대상이나 분야를 열정적으로 좋아하는 사람이나 집단을 가리키는 말이다. BTS의 가치를 진정으로 알아보고 헌신적인 지지를 보내는 아미가 없다면 오늘의 BTS도 없었으리라. Adorable Representative M.C for Youth(청춘의 사랑스러운 대변인)이라는 아미 (A.R.M.Y)의 의미처럼 BTS를 세계로 향하게 만드는 강력한 군대가 바로 아미 팬덤인 것이다.

사실, 전 세계에 뮤지션은 얼마든지 있다. 그런데 왜 유독 BTS가 아미 같은 세계적 팬덤의 전폭적인 지지를 받게 되었을까? 이는 '방향의 일치성' 때문이다. 즉, 세계가 요구하는 변화의 방향과 BTS가 지향하는 방향이 일치했던 것이다. 한국의 젊은이들과 동남아시아·유럽·남미·북미 등 전 세계 젊은이들이 비슷한 고민·고통·절망·희망을 품고 있다는 뜻이다.

급격한 도시화와 실업 문제 그리고 불투명한 미래에 대한 고민 등을 SNS로 전 세계 청년들이 나누면서 생각을 공유하고, 그리하여 "정의롭지 못한 현실을 바꾸자!"고 외치던 와중에 BTS를 만난 것이다. 이렇듯 BTS와 아미가 만나 사회적·문화적으로 새로운 예술의 형식인 'BTS 현상'을 이루어냈다. 즉, 미국 출신도 아니고, 백인도 흑인도 아닌, 그저 한국인인 아이돌이 영어도 아닌 한국어 노래로 세계의 중심에 선 것이다.

미국 미디어가 비틀스를 촌스럽다고 폄하하고 괄시할 때 비틀스의 가치를 맨 처음 알아보고 열광한 이들이 당시 미국의 10대 여성들이었듯이, BTS의 가치를 맨 처음 알아본 이들은 우리의 중·장년층 팬들이었다. 은퇴한 60대, 두 아이의 엄마, 50대 여성 등은 BTS가 자신에게 희망을 주었다고 공통적으로 말하고 있다. 중년 팬들은 'BTS의 선한 영향력과 열정'이 존경스럽다고 말한다.

아미의 성별 비율 통계로도 알 수 있듯이, BTS의 순수한 팬덤은 의외로 남성이다. 그리고 더 나아가 외국에 더 많다. 트위터에서 BTS 관련 기사를 리트윗하는 이들의 대부분이 남성 팬들인 것이다. 그 이유는 BTS가 보여주는 자연스럽고 겸손한 인간적 매력 때문이다. 즉, 남성 팬들은 그 매력 때문에 BTS가 일종의 '친구' 같다고 한다. 자신의 마음을 터놓고서 이야기하고 싶은 친구 말이다!

BTS가 국제적인 팬덤을 갖게 된 이유는?

1990년대 후반부터 '한류1.0'을 이끌어온 K팝과 한국 드라마는 아시아·남미·아랍 등에 다양한 팬덤을 형성했다. 그리고 현재에 이르러 영국·프랑스·독일 등 유럽권 국가들과 미국 등지에서는 BTS의 '언더독(Underdog) 정체성' 관련 서사를 쓰고 있다. 특히 미국 사회에서 차별 당하던 흑인·히스패닉·아시아인 등은 2017년 이후 BTS를 자신들과 동일시했다. 이들은 '맨땅에서 성공의 신화를 완성한 BTS'를 심리적 방어기제로 삼은 것이다. 백인 중심의 미국 사회에서 자신들도 해낼 수 있다는 희망과 성공의 이미지를 구한 것이다.

BTS의 팬들 중에는 학자나 작가 등 지식인도 많다. 4차 산업혁명의 상징인 인공지능에 따른 기술적 특이점(technological singularity)과 극상의 행복한 상태(Euphoria)를 유쾌한 노래로 만들어 팬들을 즐겁게 공부시켜서라는 것이다. 2019년에 발매한 <MAP OF THE SOUL: PERSONA>는 스위스의 유명 심리학자 칼 융의 학설을 팬들에게 알려주었으며, 2016년에 발매했던 <피 땀 눈물>은 헤르만 헤세의 소설 『데미안(Demian)』에서 모티브를 얻었다. 분석하기를 유난히 좋아하는 학자나 작가가 BTS의 팬이 되는 것도 당연하리라. BTS의 질주가 계속될 동안 BTS의 지식과 이상주의적 지향성도 끊어지지 않을 것이다.

제 3 장

▌▌

BTS가 만든 혁명

미국의 대표 일간지 《뉴욕타임스》는 2018년 10월 BTS의 공연에 대해 "땅이 흔들릴 정도로 활기찼다"고 보도했다. BTS의 미국에서의 활약을 조명하기 위해 태평양을 건너간 한국 취재진도 차마 쓰지 못했던 열광의 표현을 미국 언론이 먼저 쓴 것이다. '불가능이 현실이 되는 기적'이 일어난 셈이다.

1960년대에 자유에 대한 갈망을 담은 비틀스의 음악이 소련을 뒤흔들어 냉전을 종식시키는 데 기여했듯이, BTS는 전 세계적 사회 구조 재편의 계기가 된 것이다. 즉, BTS는 비틀스 이후 무려 반세기만에 K팝으로 혁명을 일으킨 것이다. BTS는 이렇듯 21세기에 일어나고 있는 거대한 변화의 중심을 이루고 있다.

어느 시대에든 우리를 옥죄는 경험의 틀을 깨부수고 한계를 넘어서게 해주는, 우리의 잠재된 가능성을 일깨워 세상을 변화시키는 이들이 나타난다. 21세기에는 BTS가 그들이다.

2007년 세븐을 시작으로 보아·원더걸스 등 여러 K팝 아이돌들이 미국 음악시장의 문을 꾸준히 두드렸다. 하지만 변죽만 울렸을 뿐 정작 미국 주류 음악시장의 문은 쉬 열리지 않았다. 그런데 BTS는 그동안 SNS와 유튜브를 활용한 소통으로 형성한 두터운 현지 팬덤을 기반으로 미국 주류 음악시장을 여는 데 성공한 것이다.

2020년 <다이너마이트> 발매 직후 2주 연속 미국 '빌보드 핫 100'에서 1위를 차지했으며, 이후 2주간 한 계단 하락한 2위를 기록했으나 발매 5주차에는 다시 1위로 복귀했다. BTS가 미국 '빌보드 핫 100'에서 1위를 기록한 경우는 이것까지 세 번째다. '빌보드 핫 100'은 미국에서 매주 가장 인기 있는 노래를 집계하는 차트다. 스트리밍 실적과 음원 판매량, 그리고 가장 중요한 라디오 방송 횟수 등을 종합해 순위를 매기고 평가한다. 그래서 '빌보드 핫 100'에서의 1위는 영광 중의 영광, 즉 쾌거인 것이다. 그래서 외신들은 BTS가 글로벌 스타로서의 위상을 굳혔다고 평가했다.

BTS는 처음 콘셉트를 힙합 아이돌로 정했지만, 지금 BTS의 음악은 힙합이라고만 할 수는 없다. 여타 아이돌 그룹과는 확실히 다르기 때문이다. BTS는 억눌린 청소년들, 빈부 격차에 찌든 사회에서 부조리와 왕따에 시달리는 이들, 연인에게서 버림받아 분노하는 젊은이들 등 10~20대의 실제적인 고민과 갈등을 젊은이의 언어로 진술하고 솔직하게 이야기함으로써 젊은이들에게 공감과 위로의 메시지를 전하고 있다.

또한 BTS는 전 곡의 90퍼센트 이상을 멤버들이 직접 썼다. 그래서 더욱 큰 공감을 불러 일으키는 것이다. 4차 산업혁명이 시작되면서 급격한 기술 발전이 이루어지자 사회는 급변하고, 그에 따라 세대 간의 삶의 방식 및 사고방식의 차이는 그 어느 시대보다 크다. BTS의 성공은 여기서 기인하는데, 구체적으로는 다음과 같은 두 가지 이유로 정리할 수 있다.

첫째, 인터넷 플랫폼의 특징적 기능인 상호 작용이다. 즉, 스타와 팬들이 직접 소통하기 어려웠던 과거와 달리, 인터넷 플래폼을 이용해 수평적이고 탈중심적으로 스타와 팬들이 소통하게 된 것이다.

둘째, BTS의 팬덤인 아미(A.R.M.Y)를 들 수 있다. 영어로는 '군대 (army)'를, 프랑스어로는 '친구(ami)'를 의미한다. 즉, BTS에게 아미는 군대이자 친구 같은 존재인 셈이다. 아미는 스타의 콘텐츠와 굿즈를 단순히 즐기기만 하는 수동적인 소비자가 아니라, BTS의 소비자이면서 동시에 생산자인 프로슈머(prosumer), 즉 '참여형 소비자'다. 그러니까 아미에게는 BTS의 콘텐츠를 자신들이 직접 생산했다는 자부심과 자긍심이 있다. BTS가 단순히 숭배의 대상이 아니라 서로 도우면서 함께 성장할 친구라는 생각이 있는 것이다.

이렇듯 스타와 팬덤이 공통된 목표를 향해서 발전하고 성장한다는 연대의식을 가지는 것은 스타와 팬덤 모두에게 상당히 중요하다. 그리고 이러한 사실을 잘 알았기에 BTS는 승리한 것이다!!!

제 4 장

붉은 여왕의 조언과
BTS의 노력

배용준 주연의 2002년 드라마 <겨울연가>는 2003년 일본에서도 방송된 뒤 일본의 중·장년 여성들 사이에서 '욘사마(배용준의 이름자 중 '용'에 일본어 극존칭 '사마[様]'를 붙인 합성어) 열풍'을 일으켰다. 그리고 이는 일본에서의 한류 열풍의 시발점이 되었다.

'한류'는 1990년대에 대한민국 문화의 영향력이 타국에서 급성장함에 따라 등장한 신조어다. '특성' 또는 '독특한 경향'을 뜻하는 접미사 '－류(流)'에 한국을 뜻하는 '한(韓)'을 붙인 것이다. 즉, 한류는 한국의 대중문화 콘텐츠 등이 타국에서도 대중적 인기를 얻는 현상을 의미한다. 우리나라는 타국에서의 한류 열풍을 대한민국 홍보에 적극적으로 활용하는 것을 너머, 현지인들의 눈높이와 구미에 맞춘 콘텐츠 개발로 관광·쇼핑·패션 등 연관 산업 분야에서도 실질적 성과를 창출하고 있다.

초기 한류는 동아시아 일대에서 대개 'K드라마(한국 드라마)'로 발현되었으며, 곧 K팝이 합류했다. 2010년대에 들어서는 중동과 북아프리카·중남미·동유럽·러시아·중앙아시아 등지로도 확산되었으며, 최근에는 북미·서유럽·오세아니아 등으로도 세력권을 확장하는 중이다. 지난 20년간의 발자취에 따라 한류는 1.0부터 4.0까지로 분류할수 있다. 굵직한 변곡점이 있던 사건을 중심으로 한류를 분류해보면아래의 표와 같다.

구분	시기(년도)	주요 국가	대표 콘텐츠

한류1.0	1997~2000	중국	• K드라마
			  - 〈사랑이 뭐길래〉 중국 방송
			• K팝
			  - HOT 음반 중국 정식 발매

한류2.0	2001~2009	중국
		일본
		동남아시아
		등
			• K드라마
			  - 〈겨울연가〉 일본 방송
			  - 〈대장금〉 중국 방송
			• K팝
			  - 보아·동방신기

한류3.0	2011~2016	중국
		일본
		프랑스
		동남아시아
		등
			• K드라마
			  - 〈별에서 온 그대〉〈태양의 후예〉 중국 방송
			• K팝
			  - 싸이의 〈강남스타일〉

한류4.0	2017~	전 세계	• K팝 - BTS

일반적으로 2000년대 중반 이후의 한류 열풍을 '신한류(新韓流)'라고 부르는데, 타국에서 팬들이 한국 스타를 흠모하고 한국 노래·드라마를 즐기는 것이 기존의 한류라면, 신한류는 한국 가수의 공연을 직접 보거나 드라마 촬영지를 답사하기 위해 한국을 방문하는 것이다.

2000년대 후반에 들어오면서 SNS 같은 디지털 환경에 익숙한 10~20대가 중심이 되어 K팝 팬덤을 형성하면서 신한류의 붐을 새롭게 견인하기 시작했다. 그리고 이러한 현상이 BTS의 한류를 낳은 것이다!!!

그럼 한류는 왜 성공했을까? 일본에서 <겨울연가>가 크게 성공한 사례는 이후 <대장금>과 같은 여러 후속 K드라마들이 동아시아 일대에서 크게 관심을 받고 유행하도록 이끌어주었다. 아울러 디지털 위성방송의 상용화 덕분이기도 했다. 예를 들어, 일본은 이전에도 위성방송용 콘텐츠의 강국이었고, 중국에서도 1992년부터 지방 방송국들이 위성방송을 송출하기 시작하면서 2000년부터는 중국 전 지역에서 위성방송 동시 시청마저 가능해졌다. 여기에 SNS 및 유튜브의 발전과 활성화도 가세했다. 특히 SNS는 한류 팬덤 형성에 크게 기여했다.

필자는 한국 특유의 국밥과 같은 '뒤섞기 문화'도 한몫 했다고 본다. 한국은 불과 반세기만에 근현대화를 달성하는 과정에서 전통적 가치와 현대적 가치, 더 나아가 포스트모더니즘적인 가치마저 뒤섞었다. 이러한 '뒤섞기 문화'는 K팝 아이돌 그룹에서도 많이 보인다. 앞서도 말했듯이 힙합, 알앤비, 일렉트로팝 등 미국과 유럽에서 유행하는 음악 스타일에 J팝의 영향까지 받은 것이 그러하다. 아이돌 그룹 멤버들의 국적이 다양한 점도 들 수 있겠다.

'붉은 여왕의 달리기(Red Queen's Race)'도 주목해야 할 요소다. '붉은 여왕의 달리기'는 『이상한 나라의 앨리스(Alice's Adventures in Wonderlands)』의 속편인 『거울 속 나라로(Alice Through the Looking Glass)』의 에피소드에서 유래했다. 엘리스는 붉은 여왕과 함께 나무 아래에서 열심히 달리지만, 그래봤자 제자리로 돌아올 뿐이다. 그런데 붉은 여왕은 "여기서는 온 힘을 써서 달려야 해! 같은 자리에 머물러 있기 위해서라도 말이야!!! 다른 데로 가고 싶다면? 그럼 두 배 이상 더 빨리 달려야지!!!"라고 말한다.

『거울 속 나라로』가 전작만큼이나 유명해지면서 '붉은 여왕의 달리기' 또한 다양한 분야에서 인용되었다. 예를 들어, 진화학자들은 이 용어를 "생태계에서 동물들은 계속 진화한다. 그래서 진화를 멈춘 동물은 멸종한다. 그러니 지금과 같은 생태계를 유지하기 위해서라도 동물들은 끊임없이 진화하려고 노력해야 한다"는 의미로 사용한다. 즉, K팝 아이돌들도 지금의 위치를 지키기 위해, 팬들의 기억에서 사라지지 않기 위해 열심히 달려야 하는 것이다. 그리고 BTS는 붉은 여왕의 조언대로 두 배 이상 더 빨리 달리는 데 성공한 것이다.

BTS

희망은 반드시
시련을 품고 있다

Ⅲ

제1장

❚❚

7인조 보이그룹 BTS

한국의 7인조 보이그룹 BTS의 멤버는 RM(리더·메인래퍼), 진(비주얼·서브보컬), 슈가(리드래퍼), 제이홉(메인댄서·서브래퍼), 지민(메인댄서·리드보컬), 뷔(서브보컬), 정국(메인보컬·리드댄서·서브래퍼)이다.

BTS는 메이저 기획사의 '기획사빨'로 하루아침에 스타가 된 게 아니라, 밑바닥부터 차근차근 쌓아 올라온 흙수저 출신 스타다. 그래서 '눈물 젖은 빵의 맛'을 알기에 더욱 강한 내면과 깊이 있는 자존감과 흡입력을 갖고 있다. 또한 개별곡과 앨범이 담고 있는 진정성과 차별성은 분명히 다른 기획사의 아이돌의 것과는 커다란 차이를 보인다.

BTS는 흙수저 아이돌 시절에 공중파보다는 음악 케이블 TV 위주로 활동했으며, 유튜브나 SNS를 적극 활용했다. 즉, 아이돌 개개인의 일상을 마치 옆집 친구의 이야기처럼 소상하고 자세히 보여줌으로써 막강한 팬덤을 구축한 것이다.

🎧

You know you know
You know you know yeah yeah
희망이 있는 곳엔
You know you know
You know you know yeah yeah

바다인 줄 알았던 여기는 되려 사막이었고
빽이 없는 중소아이돌이 두 번째 이름이었어
방송에 짤리기는 뭐 부지기수
누구의 땜빵이 우리의 꿈
어떤 이들은 회사가 작아서
제대로 못 뜰 거래

I know I know 나도 알아
한 방에서 일곱이 잠을 청하던 시절도
잠이 들기 전 내일은 다를 거라는 믿음도
사막의 신기루 형태는 보이지만
잡히지는 않았고
끝이 없던 이 사막에서
살아남기를 빌어
현실이 아니기를 빌어

결국 신기룬 잡히고 현실이 됐고
두렵던 사막은 우리의 피 땀
눈물로 채워 바다가 됐어
근데 이 행복들 사이에
이 두려움들은 멀까

원래 이곳은 사막이란 걸

우린 너무 잘 알아

울고 싶지 않아 쉬고 싶지 않아

아니 조금만 쉬면 어때 아니 아니 아니

지고 싶지 않아 원래 사막이잖아

그럼 달려야지 더 오래하지 뭐

희망이 있는 곳엔 반드시 시련이 있네

희망이 있는 곳엔 반드시 시련이 있네

희망이 있는 곳엔 반드시 시련이 있네

희망이 있는 곳엔 반드시 시련이 있네

_ <바다(Sea) Lyrics> 중에서

위의 ＜바다(Sea) Lyrics＞라는 노래는 '중소 규모 아이돌', '흙수저 아이돌'이던 BTS가 역시나 "시련을 희망이라 생각할 정도로" 멋진 회복 탄력성을 지닌, 강인한 젊은이들임을 보여준다. 더군다나 이 노래는 음반 판매라는 아날로그 방식과, 음원 사이트 및 유튜브 조회수라는 디지털 방식 모두에서 기존의 기록을 갱신할 정도로 압도적인 성공을 거뒀다.

BTS의 멤버들은 모두 '대한민국 촌놈들(부산, 대구, 광주, 경상남도 거창, 경기도 일산과 과천 등)'이다. 영어 공부도 국내에서 DVD로 미국 드라마를 보면서 했다. 그런데도 해외에까지 팬덤을 갖고 있으니 얼마나 대단한가!!!

그러면 지금부터 BTS를 주제로 한 스토리텔링을 시작하겠다. BTS를 제대로 알고 이해하려면 BTS의 멤버 한 명 한 명의 개인사(private history)를 알아보고 분석하고 공부하는 여행은 필수적이니까!!!

제 2 장

BTS의 핵심 BU(BTS Universe)와 그들의 독특한 스토리

"총알을 막아내는 방탄조끼처럼 모든 편견과 억압을 막아내겠다!"
는 슬로건을 앞세운 일곱 명의 소년들(RM, 슈가, 진, 제이홉, 지민, 뷔, 정
국)로 이루어진 BTS!!!

BTS의 성공을 이야기할 때 반드시 기억해야 할 인물이 바로 방시
혁 대표 프로듀서다. 방시혁 대표 프로듀서는 RM 발탁을 시작으로 멤
버 일곱 명을 직접 선발하는 등 BTS 팀을 기획·육성했으며, '방탄소
년단(BTS)'이라는 이름까지 지은 'BTS의 아빠'다. 방시혁 대표 프로듀
서는 7인 7색의 개별적 판타지를 만들고, 이를 스토리텔링으로 조직화
하는 식으로 BTS를 육성했다.

그럼 BTS의 왕자 일곱 명을 만나러 여행을 떠나보자!!!

첫 번째, '뇌가 섹시한 남자' RM은 어떤 사람인가?

RM(Rap Monster)은 BTS에서 리더와 메인래퍼를 맡고 있다. 주변
사람들로부터 '뇌섹남(뇌가 섹시한 남자)'으로 불린다. 중학생 때 TOEIC

에서 850점을 받고, 고등학교 2학년 때 학교에서 IQ 검사를 했을 때 148이 나왔으며, 역시나 고등학생 때 반에서 항상 1등을 했다. 물론 RM과 당시 성적이 비슷했던 친구는 서울대학교 경제학과에 진학했다. 2013년 6월 BTS 싱글앨범 <2 COOL 4 SKOOL>로 데뷔했던 당시에는 '랩몬스터(Rap Monster)'라는 예명을 사용했으나, 2017년 11월 13일에 RM으로 변경했다.

 프로필

- 이름 김남준(金南俊, Kim Namjun), 예명은 RM
- 강릉 김씨 39대손, '南(남)' 항렬자를 쓰며. 이름의 뜻은 "남쪽(남한)의 준수하고 걸출한 사람이 되라"
- 1994년 9월 12일, 서울 동작구 상도동에서 태어나 경기도 일산에서 자람
- 가족관계는 부모님, 여동생, 반려견 '랩모니'가 있음
- 특이 사항: 여동생을 골탕 먹이려고 비 오는 날 집에 있는 우산을 몽땅 들고 나간 적이 있음
- 키 181센티미터, 몸무게 67킬로그램, 혈액형 A형, 발 280밀리미터
- 종교는 무교!
- 취미는 산책, 자전거 라이딩, 전시회·박물관 가기, 미술 작품 감상, 독서, 영화 관람 등
- 특기는 랩, 작사·작곡

개인사

RM은 초등학교 6학년 때 에픽하이의 <FIY>를 듣고 큰 감동을

받아 힙합을 하겠다고 결심했다. 중학생 시절이던 2007년부터 2010년 까지 꾸준히 직접 작사한 랩을 힙합 커뮤니티 사이트에 올리며 활동했는데, 그 당시 중학생이면서도 수준급의 실력과 잠재력을 가진 촉망받는 유망주라 많은 주목을 받았다.

RM은 같은 나이대 중에서 TOP급의 실력을 갖췄다고 평가받을 정도로 실력이 뛰어났으며, 2010년 가수 슬리피가 우연히 RM의 랩을 듣고 당시 빅히트 엔터테인먼트의 프로듀서였던 피독(Pdogg)에게 소개했다. 피독과 함께 RM을 만난 방시혁 대표 프로듀서는 RM의 첫인상과 랩 실력을 보고 "랩 괴물(Rap Monster)이군!"이라고 말할 정도로 칭찬을 아끼지 않았다고 한다. 방시혁 대표 프로듀서는 RM이 "자기 음악에 대한 근본적 고민과 자기를 아티스트적으로 증명하려는 고뇌를 끊임없이 하는, 노력을 겸비한 천재"라고 말한다. 그리하여 방시혁 대표 프로듀서는 힙합 그룹을 만들어야겠다는 생각을 했고, 이로써 BTS가 탄생했다.

RM은 교포도 아니고 해외 유학도 안 했지만 BTS 멤버 중에서 유일하게 영어 구사가 가능하다. 원어민과의 대화가 가능한 RM은 영어를 오직 미국 드라마를 자주 봄으로써 익혔다고 한다. 미국 드라마 중 특히 <프렌즈(Friends)>를 전 시즌 DVD로 시청했다고 한다.

인성

RM에게는 '파괴의 신'의 DNA가 숨어 있다고 주변 사람들은 말한다. 멀쩡하던 화장실 손잡이, 냉장고 문짝이 RM이 손만 대면 부서지고, 작업 중이던 파일도 여러 번 복구 불능으로 만들었다면서……. 그러니까 다른 멤버들이 말하기를, RM은 일을 할 때 빼고는 덜렁대는 편이며, 빌린 물건을 잃어버리고, 심지어 물건을 빌렸다는 사실마저

잊는다고 한다.

　매우 예민하고 소심한 면이 있어서, 댓글 하나하나에 일희일비하는 멤버로 꼽히기도 한다. 아울러 생각과 고민도 많고, 자신의 자아정체성에 대한 답을 찾고자 내면의 자신에게 세상의 문제에 대해 묻는 '고민쟁이'라고 한다. RM의 이런 고민은 RM이 직접 쓴 가사에서도 자주 엿볼 수 있다. 대표적인 곡으로는 ＜Too Much＞와 ＜Unpack Your Bags＞를 들 수 있다. 이 둘은 비슷한 내용을 다뤘으면서도 분위기가 상당히 다른 편이다. ＜Too much＞를 들으면 RM이 이 제목만큼 얼마나 많은 고민을 하는지 알 수 있다. RM은 고민 그 자체를 즐기는 사색가적인 면모를 보유한 듯하다.

　성격이란 '한 사람의 독특한 내면 체계'라 정의할 수 있다. 그래서 요즘 젊은이들은 사주라도 보듯이 재미삼아 '마이어스－브릭스 유형 지표(MBTI)'로 자신의 성격을 확인하고 있다. 스위스의 심리학자 칼 융의 심리유형이론을 활용한 인간의 성격 유형 검사인 MBTI는, 검사를 받는 사람의 성격 유형을 판별하여 그 자신에게 적합한 일을 찾을 수 있게 도와준다. 2020년 6월 MBC의 예능 프로그램 ＜놀면 뭐하니＞에 출연한 유재석, 이효리, 비가 직접 해보면서 젊은이들 사이에서 화제가 되고 있다. 그럼 RM의 MBTI 검사 결과는 어떻게 나왔을까? RM의 성격 유형은 '열정이 넘치는, 불꽃처럼 재기발랄한 활동가' 타입이다. MBTI 검사 자료는 RM 같은 사람이 다음과 같은 면을 보인다고 한다.

　　"온정적이고 창의적이며 항상 새로운 가능성을 찾고 시도하는 형이다. 문제를 재빠르게 해결하고, 관심이 있는 일은 무엇이든지 수행해내는 능력과 열정이 있다. 다른 사람들에게 관심을 쏟으며, 사람들을 잘 다루고 뛰어난 통찰력으로 도움을 준다. 상담·교육과학·저널리즘·광고·판매·성직·집필 등의 분야에서 뛰어난 재능을 보인다. 일상적이고 반복되는 일을 참지 못해 그런 일에는 열성을 보이지 않는다. 또한 한 가지 일을 끝내기도 전에 몇 가지 다른 일을 또 벌이는 경향을 가지고 있다. 통찰력과 창의력이 요구되지 않는 일에는 흥미나 열정을 불러일으키지 못한다."

RM은 틀림없이 불꽃처럼 떠오르는 아이디어로 가사와 곡을 창조해내는 진정한 래퍼(rapper)이자, BTS의 다른 멤버들을 이끄는 통찰력 있는 리더임에 틀림없다.

랩 실력 그리고 작사 · 작곡 능력

"애늙은이 같다"는 말을 자주 들을 정도로 RM은 어른스러운 분위기와 태도를 풍긴다. 이는 어쩌면 삶에 대해 또래들보다 더 진지하게 고민해서가 아닐까? 그래서인지 RM은 BTS를 중심에서 이끌어갈 만한 인재답다.

BTS의 메인래퍼인 만큼 랩 실력이 굉장히 뛰어나며, 전 예명인 '랩몬스터'에서 느껴지듯이 랩에 있어선 BTS의 단연 1인자이고, 목소리도 중저음이다. 포지션이 래퍼이기에 BTS의 거의 모든 곡들에서는 랩만 담당하지만, 노래도 꽤 잘 부른다.

RM만의 철학이 느껴지는 가사를 많이 작사했으며, 작곡할 때는 내적으로 상당히 고심한 부분들이 고스란히 드러난다. 아이돌 가수로 활동하면서 느낀 불안한 미래, 자신에 대한 비난과 비판, 자신의 정체성에 대한 고민, 그로부터 오는 총체적 고독과 외로움 등이 RM의 작사·작곡의 화두다.

　사회와 시스템에 대한 불만을 직설적으로 내뱉기보다, 음유시인처럼 은유적으로 가사를 쓴다. <I NEED U>나 <봄날> 등 여러 타이틀곡에서 RM은 노래의 전체적인 메시지를 함축적으로 담아내는 랩을 제시한다.

연애관과 인생관

　RM은 한 매체와의 인터뷰에서 "서로 계산하지 않으면서 솔직하게 이야기하고 마음을 쏟을 수 있는 연애"가 자신의 연애관이라고 말했다. 이어서 "그러다 싫어지면 떠나는 거고, 좋을 때 그냥 좋은 대로 표현하고, 불만도 솔직하게 이야기할 수 있는……, 그런 게 진짜 사랑 아닐까요?"라고 소신을 드러내 눈길을 끌었다.

　RM의 이상형은 몸매 좋고, 날씬하고, 키 크고, 분위기 있고, 옷 잘 입는 여자라고 한다. 특히 몸매와 스타일을 많이 본다고 한다. 뇌나 몸매가 섹시한 점에서 매력을 느낀다고 한다. 성격은 상관하지 않으나 개념이 있는 여자를 선호한다고 말한다. 연애에 관한 RM의 유명한 이야기를 소개하겠다.

　"사랑하면서 이별을 생각하고, 성공이라 느낄 때 추락과 실패를 동시에 생각하는 것이 우리 유전자 안에 있다. 불안은 그림자 같아서 제 키가 커지면 더 커지고, 밤이면 더 길어지기도 한다. 그러니 마음속 반대편의 양가적 감정을 극복한다고 말할 순 없고, 다만 인간은 누구나 필연적인 고독이나 어둠을 갖고 가야 하니 안식처가 필요한 것 같다."

이렇듯 RM은 BTS 멤버들 중에서 가장 사색적이며 생각이 깊고 혜안(慧眼)도 갖췄다. 이는 취미가 독서인데다 독일 철학자 프리드리히 니체의 저서 같은 철학책에 관심이 많아서가 아닌가 싶다. 독서의 영향 덕분인지 RM의 가사의 랩은 함축적 메시지가 담겨 있어 더 매력적이다.

그러나 지적인 이미지와는 별개로 댄스 실력은 '어색한 편'이다. BTS의 댄스 부문에서 진과 함께 두 날개를 맡고 있는데도 팬들이 붙여준 별명이 '이족 보행 로봇'일 정도니까······. 심지어 "BTS의 오른쪽 날개(RM)가 고장난 것 같다"는 팬들도 있다. 물론 완벽해 보이는 RM의 이렇듯 어색하고 모자란 부분은 어쩐지 그다운 인간미라는 생각마저 든다. 그리고 이런 점이 RM에게 수많은 팬들이 있게 하는 무기가 되어주는 것은 아닐까?

두 번째, '거창 왕자' 뷔는 어떤 사람인가?

BTS의 서브보컬을 맡고 있는 뷔는 미소년의 외모와는 달리 허스키한 목소리가 매력적이다. 그래서 BTS의 보컬라인에서는 중저음 목소리로 곡에서 도입부나 짧지만 강렬한 인상을 주는 킬링파트를 자주 맡고 있다. 2013년 엠넷(Mnet)의 프로그램인 <엠카운트다운>을 통해 데뷔했으며, BTS의 4주년이던 2017년 6월에는 RM과 함께 참여한 자작곡 <네시(4 O'CLOCK)>를 발표했다. 2019년 1월에는 단독으로 작사·작곡한 <풍경(Scenery)>을 발표하면서 글로벌 음악 공유 서비스인 '사운드클라우드(SoundCloud)'에서 최단 스트리밍 기록을 세우기도 했다. 장난기가 많은 뷔는 드라마에도 출연해 그의 자유로운 영혼을 펼쳤다.

프로필

- 이름 김태형(金泰亨, Kim Taehyung), 예명은 뷔(V)
- 광산 김씨
- 1995년 12월 30일, 대구에서 태어나 경상남도 거창에서 성장
- 가족관계는 부모님, 여동생, 남동생
- 키 179센티미터, 몸무게 63킬로그램, 혈액형 AB형
- 종교는 무교!
- 취미는 사진 찍기, 예술 작품 감상

개인사

미소년의 외모와 상남자의 목소리를 갖춘 뷔는 목을 긁어서 독특하고 매력적인 소리를 낸다. 이는 뷔 특유의 음색과 성량이 돋보이게 하는 매력 포인트다. BTS에서 맏형 진, 막내 정국과 함께 팀에서 우월한 외모를 과시하며, 댄디하고 정석적인 미남인 진에 비해 섹시하면서 한눈에 띄는 화려한 외모를 자랑한다.

뷔는 1995년 대구에서 태어나 경상남도 거창에서 살다가 다시 대구로 이사했다. 초등학생 때 가수가 되려는 꿈을 갖고서 색소폰을 배웠고, 춤도 출 줄 알아야 한다는 생각에 방송 댄스 학원에 등록했다. 지민과 함께 한국예술고등학교에 전학했으며, 빅히트 엔터테인먼트의 비공개 오디션에 우연히 참가했다가 합격해 서울로 상경했다.

뷔는 종종 넘치는 흥을 주체하지 못하고 기행을 저지르곤 한다. 예를 들어, 무대 뒤 대기석에서 기다릴 때 긴장감을 풀기라도 하듯이 농담에 대한 리액션을 매우 풍부하게 하고, 옆 사람에게 자주 치대기도 한다. 발라드를 하든 댄스를 하든 가리지 않고 흥을 폭발시킨다. 또한

'식물·동물·사람 등 지구상에 존재하는 모든 생명체를 사랑하는 4차원 소년'이라고 자신을 소개할 정도로 엉뚱하다. 멤버들도 처음에는 뷔의 이렇듯 독특한 성격이 콘셉트인 줄 알았다고 한다. 하지만 지금은 뷔의 고차원적이고 창의적인 생각을 멤버들이 '천재성'이라 여긴다.

잘생긴 얼굴에 어울리지 않을 듯한 엽기적인 모습과, 다양한 목소리를 흉내내며 장난치는 뷔의 진짜 성격이 궁금하다.

인성

뷔는 고양이상 미남이라 섹시하면서도 차갑고 도도해 보인다. 그러나 실제로는 순한 성격이다. 이렇듯 섹시하면서도 순한 뷔는 2018년 초에 '공개된 아이돌 100인이 뽑은 미남 투표'에서 1위를 차지했다.

4차원에 흥이 넘치는 뷔의 MBTI 검사 결과는 어떻게 나왔을까? 뷔의 성격 유형은 '재기발랄한 활동가'이자 RM처럼 불꽃 같은 타입이다. MBTI 검사 자료는 뷔 같은 사람이 다음과 같은 면을 보인다고 한다.

"따뜻하고 정열적이고 활기가 넘치며, 재능이 많고 상상력이 풍부하다. 온정적이고 창의적이며, 항상 새로운 가능성을 찾고 시도한다. 문제를 재빨리 해결하고, 관심이 있는 일은 무엇이든지 수행해내는 능력과 열정이 있다. 다른 사람들에게 관심을 쏟으며, 사람들을 잘 다루고 뛰어난 통찰력으로 도움을 준다. 반복되는 일상적인 일을 참지 못해 그런 일에는 열성을 보이지 않는다. 또한 한 가지 일을 끝내기도 전에 몇 가지 다른 일을 또 벌이는 편이다. 통찰력과 창의력이 요구되지 않는 일에는 흥미를 느끼지 못해 열성을 보이지 못한다."

뷔는 RM과 비슷하게도 활기차고 재능 많고 새로운 것에 도전하는 성격이라는 것이다. 즉, 뷔는 '갑자기 꽂히면 움직이는' 타입이다. 풍부한 상상력과 열정적인 태도도 뷔의 특징이다. 순하면서도 마음속 깊은 곳에 강단을 지니고 있으며, 친화력이 좋아 동료들과 잘 어울리고 순수하다. 더욱이 뷔는 조각 같은 외모로 이성을 압도한다. 그래서 뷔는 '훔치고 싶은 연예인 인맥 1위'로 꼽혔다. 아울러 나이나 직업과 관계없이 두루두루 친하다고 한다. 배우 하지원과도 친분이 있는데, 나이 차이가 무려 17살이나 나다 보니 의외의 친분으로 꼽힌다. 하지원의 인터뷰에 따르면 뷔는 그림 · 전시회 등 취미가 비슷한 부분이 많아 함께 이야기하기 편하다고 한다.

미국 배우 안셀 엘고트와도 빌보드에서 인연을 맺은 듯하다. 빌보드에서의 만남 이후 지속적으로 안셀 엘고트가 자신의 트위터에 BTS 관련 트윗을 올렸으며, 특히 2018년 1월 자신이 만든 곡을 RM과 뷔에게 들려줬다면서 그들의 리액션을 담은 영상도 올렸다. 이때 뷔를 'Tae'라고 친근하게 부르며 친분을 과시했다. 이처럼 뷔는 MBTI가 보여주듯이 열정적이고 활기차다.

랩 실력 그리고 연애관

개구쟁이인 뷔는 보컬이지만 랩, 특히 싸이퍼(Cypher)에 대한 로망이 많은 듯하다. BTS 래퍼라인의 유닛곡 시리즈 <Cypher>에 특히 큰 애정을 보이고 있으며, 팬미팅 중 <Cypher PT.3>를 커버하기도 했다. 이후 뷔에게는 'MC 자두'라는 새로운 별명이 생겼다. 미니 5집 수록곡 <고민보다 GO>에서는 뷔의 랩 실력을 볼 수 있다.

자유로운 영혼의 소유자인 뷔는 데뷔 4주년이던 2017년에 RM과 함께 노래를 제작하고 부른 뒤 "좀 더 본격적인 제작을 위해 작업실로

들어오라"는 제안을 받았다. 하지만 본인은 작업실 스타일이 아니라면서 사양한 뒤 다른 곳에서 곡을 만들었다. 그 곡이 2020년 드라마 <이태원 클라쓰>의 사운드트랙(OST) <Sweet night(단밤)>이었다. 이 곡은 애플 사의 미디어 기기 관리 프로그램인 아이튠즈(iTunes)에서 서비스된 뒤 무려 80여 개국에서 단기간에 1위에 등극했다.

목소리를 변조해서 장난치는 장난꾸러기인 뷔는 여자에게 관심이 있을까? 있다면 어떤 여자를 좋아할까? BTS의 멤버들은 뷔의 이상형이 "볼수록 예쁜 여성. 사려 깊고 어른스러운 여성. 뷔를 말없이 잘 챙겨줄 것 같은 여성. 성격도 서글서글해 잘 삐치지도 않고, 주변 사람도 잘 챙겨주는 여성. 특히 뷔가 힘들어하면 옆에서 위로해주고 다독여 줄 수 있는 여성"이라고 대답했다.

하지만 당사자인 뷔는 MBC 라디오 <우상본색>과의 인터뷰에서 "때가 안 묻은 여성. 아침을 챙겨주는 여성"이라고 대답했다. 또한 "저는 연상이 잘 어울리는 것 같아요. 태형이의 감정 변화를 잘 잡아줄 수 있는 똑 부러진 여자였으면 좋겠어요. 깐깐한 여자는 저에게는 최악일 것 같고, 상황에 유연하게 적응하면서 리드할 수 있는 여자가 잘 어울릴 것 같아요"라고도 말했다.

세 번째, '천재' 슈가는 어떤 사람인가?

슈가는 BTS의 리드래퍼이자 작사가·작곡가·프로듀서이다. 빅히트 엔터테인먼트의 오디션을 통해 BTS에 합류했다. 2017년에는 BTS 래퍼라인 중에서는 처음으로 타 가수의 앨범 프로듀싱에 참여해 수상한 일을 계기로, 2016년에는 첫 솔로 믹스테이프 <Agust D>를 공개했다. BTS의 주요 음악 프로듀서 중 한 명인 슈가는 90곡 이상을 한국저작권협회에 등록할 정도로 실력가다.

프로필

- 이름 민윤기(閔玧其, Min Yunki), 예명은 슈가
- 여흥 민씨 위양공파 31대손
- 1993년 3월 9일, 대구 출생
- 가족관계는 부모님, 형, 반려견 '홀리'가 있음
- 키 174센티미터, 몸무게 59킬로그램, 혈액형 O형
- 종교는 무교!
- 취미는 농구, 사진 찍기, 그림 그리기

개인사

슈가는 대구에서 태어나 빅히트 엔터테인먼트의 새 멤버를 모집하는 오디션인 '힛잇(HIT IT)'의 1기 전국 오디션에서 준우승을 차지한 뒤 서울로 올라왔다. 음악을 시작한 계기 중 하나가 초등학교 6학년 당시 "넌 랩을 하면 안 될 친구야"라는 말을 들어서였다. 그것에 동의할 수 없음을 증명이라도 하듯이 슈가는 음악에 대한 열정을 더욱 불태웠다. 슈가는 13세 때부터 미디(MIDI, 작곡·편곡) 작업을 시작했다. 스튜디오에서 아르바이트를 하면서 작곡·편곡을 익혔고, 그 덕분에 녹음·음향 장비를 능숙하게 다룰 수 있었다.

예명인 슈가(Suga)는 농구 용어인 슈팅 가드(shooting guard)의 첫 번째 음절에서 따왔다는 설과, 피부가 설탕처럼 하얗지만 설탕(sugar)의 달달함이 힙합과는 맞지 않아 r을 뺐다는 추측도 있다. 또한 힙합 용어 '슈가'는 '중독되다'는 뜻이라서 선택했다는 이야기도 있다. 하지만 아미를 비롯한 팬덤들에게 슈가는 BTS의 성공으로 맛볼 수 있는 달콤함 그 자체가 아니던가!

슈가는 고등학생 때 농구부의 일원이었을 정도로 농구에 대한 사랑이 대단했다. 우승도 여러 번 했으며, 포지션은 포인트 가드나 슈팅 가드였다. 발이 빠르고, 공격보다는 수비를 잘한다고 한다. 농구에 대한 애정은 여전한 듯 시간이 날 때마다 농구공을 챙기곤 한다. 농구 코트에서 땀에 젖은 채로 혼자 농구공을 던지는 슈가의 모습은 어쩐지 하얀 피부의 여린 슈가의 이미지와 매칭이 잘 안 된다는 반전이 있다!!! 슈가는 반전의 매력덩어리인가? 또 귀여워 보이는 외모와는 상반 될 정도로 목소리 톤이 낮다. 하지만 랩을 할 때는 평소보다 한 톤 올라가서 음색이 날카롭고 강하다. 그래서 메시지를 강렬하게 전달한다.

흰 피부 그리고 여린 외모와는 달리 슈가의 곡들은 아주 직설적이고 거칠어 공중파 방송의 심의를 통과하지 못하기도 했다. 그의 곡에는 욕설, 비속어, 은어 등이 적지 않고, 내용도 대단히 사실적이면서 호소력이 강하다. "천재인 걸 인정하세요?"라는 질문에 자신은 천재가 아니라며 부끄러워했지만, 천재이고 반전 덩어리임에 틀림없다!!!

인성

동생들이 잘못을 하면 잔소리와 훈육을 담당하는 '군기반장'이 슈가다. 진이 슈가보다 먼저 태어나서 다행이라고 말할 정도다. BTS의 멤버들은 실제로 슈가의 성격이 무뚝뚝하고 쿨한 데다 제법 무심한 편이라고 말한다. 슈가 자신도 "남자들 사이에서 커왔기에 남자를 잘 다룬다"고 말했다. 하지만 슈가는 무뚝뚝해서 남에게 관심이 없는 것 같으면서도 은근히 뒤에서 챙겨주는 다정한 모습을 보여준다. 반전의 매력덩어리인 것이다!!!

또한 2013년에 발매한 곡인 <If I Ruled The World>에서 슈가가 노래하는 파트에는 "주식과 도박 그딴 건 안 하고파"라는 가사가 있는데, 이처럼 슈가는 작은 내기도 꺼리는 것 같다. 특히 포털사이트 네이버의 인터넷 방송 플랫폼인 <BON VOYAGE 2>의 5회에서 BTS 멤버들의 내기 경기가 끝난 후 슈가가 한 말은 "여러분들, 현실에 만족하세요! 여러분들, 한방은 없습니다! 제 인생의 지론이에요!"였다. 이렇듯 슈가는 한 걸음 한 걸음 묵묵히 "내 자리에서 최선을 다하면 언젠가는 목적지에 도달한다!"고 믿는, 현실에 뿌리를 둔 이상주의자다.

무심한 듯한 상남자이자 어쩐지 끌리는 천재인 슈가의 MBTI 검사 결과는 어떻게 나왔을까? 슈가의 성격 유형은 '아이디어 뱅크(Idea Bank, 논리적 사색가)' 타입이다. MBTI 검사 자료는 슈가 같은 사람이 다음과 같은 면을 보인다고 한다.

"아이디어는 감정의 작용보다는 이성의 작용으로부터 더 큰 영향을 받는다. 아이디어는 감정에 공감하기보다는 생각에 공감하는 경향이 강하기 때문이다. 생각은 눈에 보이는 것을 어떻게 변화시킬 것인가에 초점이 맞춰져 있어서, 많은 사람이 실질적으로 사용할 수 있는 아이디어를 내놓기 때문이다. 물론 '아이디어 뱅크' 타입의 사람이 보이지 않는 세계나 내면세계에 특히 관심이 많다면, 그것에 집중해 더 많은 아이디어를 쏟아낼 것이다. 하지만 대개는 컴퓨터공학·전자공학·기계공학처럼 '바로 써먹을 수 있는' 분야에 더 많은 관심을 쏟는 편이다. 이러한 분야의 아이디어를 가진 이들이 실천력까지 뛰어나다면 이성적·논리적 뒷받침을 받은 무언가를 개발해낼 것이다."

이렇듯 '아이디어 뱅크' 타입은 이성적·논리적으로 이해하고 설명하려는 경향이 강해서 상대방의 이야기가 논리적으로 타당한지를 먼저 따진다. 만약 이해가 안 된다면 납득할 수 있을 때까지 적극적으로 질문 공세를 퍼붓는다. 한마디로 지적 호기심이 높으며, 잠재력과 가능성을 중요시하는 타입이다.

프로듀서로서의 능력과 연애관

슈가는 BTS에서도 작사·작곡에 많은 공을 들이는 멤버 중 한 명이다. 평소 떠오르는 생각을 즉시 메모해두었다가 곡 작업에 반영한다고 한다. 연습생 시절에는 '1DAY 1VERSE(하루 한 소절)'라는 슬로건을 걸고서 하루에 한 곡씩 꼬박꼬박 쓰며 실력을 쌓았다고 한다. 데뷔 후인 지금도 음악 작업을 즐기고 또 열심히 한다. 1년에 무려 200곡씩 만드는 성실함을 갖춘 피나는 '노력파'인 것이다.

"천재는 1퍼센트의 영감과 99퍼센트의 노력으로 이루어진다"는 발명왕 토머스 에디슨의 명언이 생각난다. 이 말인 즉 1퍼센트의 영감이 없으면 99퍼센트의 노력도 소용이 없다는 뜻 아닐까? 틈만 나면 잠자고, 만사를 귀찮아해서 어쩐지 맏형인 진보다 늙어 보이는, 움직이는 것을 싫어하고 누워 있는 것을 좋아하는 슈가다. 하지만 본인이 좋아하는 일은 두 팔 걷어붙이고 최선을 다한다. 그중 차분한 저음의 목소리로 포털사이트 네이버의 V LIVE < 습디의 꿀 FM 06.13 >을 진행하기도 했다. 여기서 '습디'는 '슈가 + DJ'를 의미한다.

냉철하면서 적당히 잘생긴 슈가는 어떤 연애를 할까?

2015년 슈가는 한 매체와의 인터뷰에서 "나와 닮은 여자가 좋다"는 말로 이상형을 밝혔다. 또한 "나처럼 무심하고 조용한 스타일이 좋다"면서 "내가 활발하게 돌아다니는 성격이 아니라서 비슷한 사람을 만나고 싶다"고 덧붙였다. 결국 BTS 멤버들 중에 가장 외모를 안 보는 편인 슈가의 이상형은 다음과 같은 키워드로 정리할 수 있다. "다정한 여자, 나와 취향이 비슷한 여자, 음악을 좋아하는 여자, 노래를 잘하는 여자, 음악이나 힙합을 좋아하고 클럽을 싫어하는, 스키니가 어울리고 고가의 헤드폰을 쓰는 여자" 말이다. 역시 슈가는 자기의 이상형조차 독특한 언어로 표현한다. 까칠한 면이 있어 혼자 하는 사랑을 어쩐지 잘할 것 같지만, 한번 사랑을 하게 되면 금방 사랑에 빠져 그의 순수한 열정을 쏟아부을 것 같다!!!

네 번째, '황금 막내' 정국은 어떤 사람인가?

정국은 BTS의 메인보컬, 서브래퍼, 리드댄서를 맡고 있다. 특히, 가창력이 뛰어나 MBC 예능 프로그램 <복면가왕>에 출연해 "특별한 입자가 있는 낭만 보이스"라는 평을 듣기도 했다. BTS 데뷔 당시 겨우 16세였지만, 그럼에도 불구하고 노래면 노래, 랩이면 랩에, 춤도 잘 추고, 힘도 세고, 운동도 제법 잘한다. 한마디로 보석 같은 형들에 밀리지 않는다.

 프로필

- 이름 전정국(田柾國, Jun Jungkook), 예명은 정국
- 담양 전씨
- 1997년 9월 1일, 부산 출생
- 가족관계는 부모님, 형
- 키 178센티미터, 몸무게 66킬로그램, 혈액형 A형
- 종교는 무교!

- 취미는 그림 그리기, 기타 연주, 영상 촬영·편집, 영화(애니메이션) 감상, 배드민턴, 볼링

개인사

2013년 정국은 엠넷(Mnet)의 프로그램인 <엠카운트다운>을 통해 BTS 멤버로 공식 데뷔했다. 정국은 데뷔 싱글앨범인 <2 COOL 4 SKOOL> 중에서 <Outro: Circle Room Cypher>라는 곡을 공동작사하면서 작사에 처음 참여했다.

2020년 드디어 BTS의 공식 블로그에 정국의 자작곡 <Still With you>가 공개되었다. 정국의 데뷔 7주년을 기념하는 곡인 <Still With you>는 빗소리로 시작되는, 재즈풍의 아련한 멜로디를 바탕으로 하고 있다. <Still With you>는 정국의 애절하고도 편안한 음색과 잘 어우러져서 듣는 이들의 마음을 울리는, 짙고 사무치는 감성이 돋보인다. 공유 플랫폼 '사운드클라우드'에 무료로 공개되었고, 2주 만에 2000만 스트리밍을 달성했다. 또한 국내외 유명 곡들을 완성도 높게 부른 커버곡을 SNS에 공개해 'Golden Maknae(황금 막내)'라는 별명도 갖게 되었다. 정국은 네이버 라인프렌즈와 BTS의 콜라보레이션인 BT21의 쿠키(COOKY)라는 캐릭터를 직접 디자인할 정도로 디자인 감각이 뛰어나다

중학생 때부터 가수가 되겠다는 꿈을 안고 슈퍼스타 K3에 참가했지만, 오디션에 합격하지는 못했다. 하지만 이후 정국을 눈여겨 본 빅히트 엔터테인먼트가 연습생으로 발탁하면서 서울로 상경했다. 정국은 대형 기획사의 러브콜을 마다하고 빅히트 엔터테인먼트를 선택한 이유로 "RM 형이 정말 멋있어서요!"라고 했을 정도로 RM을 좋아한다.

데뷔 직후에는 순한 미소년상이었지만, 그 뒤 단정하고 깔끔한 분

위기의 미남으로 변화되는 등 확연히 듬직해졌다. 마른 편이지만 비율이 상당히 좋아서 핏(fit)이 맞는 바지만 입어도 몸매가 그대로 드러난다. 정국은 운동을 너무 좋아해서 해외 스케줄을 소화할 때도 숙소에서 가구를 들고 운동할 정도다. 그래서 복근과 등근육이 상당히 발달했다. 심지어 BTS의 멤버들은 정국을 '근육돼지'라고 놀리면서 매번 운동 좀 그만하라고 만류하기도 했다고 한다. 뛰어난 운동신경을 갖춘 정국은 BTS의 춤의 날개 중 하나를 맡기도 한다. 또한 "도대체 저걸 어떻게 하지?" 싶을 정도로 팔로 몸을 지탱하면서 웨이브를 할 만큼 힘이 세다.

대부분의 시간을 조용히 보내지만, 승부욕이 강한 편이라 예능 방송에 나가면 지지 않고 형들을 공격한다. 정국의 진짜 성격이 궁금하다.

인성

정국의 어머니는 정국을 가졌을 때의 태몽이 황금이었다고 한다. 그래서 '황금 막내'라는 별명이 잘 어울리는 정국은 무엇을 하든 빨리 배우고, 평균 이상으로 잘해낸다고 한다. 그러면서도 낯가림이 심해 BTS 멤버들이 모두 모였을 때는 말이 없고, 심지어 말더듬을 할 정도인지라 대개 조용히 뒤에 있는 편이다. 하지만 멤버들이 감당하기 힘들어할 정도로 매우 활발할 때도 있다. 즉, 정국은 먼저 다가가는 걸 잘 못하지만, 한번 편해지면 이야기도 잘 나누는 성격인 것이다.

미적 감각이 뛰어나 그림을 잘 그리고, 색감도 뛰어나며 예술적이라 아미들을 깜짝 놀라게도 했다. 집이나 공간을 예쁘게 꾸미기도 한다. "옷은 있던 자리에 두고, 자기 것은 자기가 알아서 챙기는 것"이 정국의 룰이기도 하다. 이것은 누구에게 보여주려는 것이 아니라, 정국 자신이 좋아서 하는 것이다.

그래서일까? 정국은 꽤나 감성적이며 예민해서 슬픈 노래를 좋아한다. 또한 하기 싫은 건 딱 잘라서 안 할 정도로 호불호가 분명하고 단호하며 매우 솔직하다. 이런 정국의 MBTI 검사 결과는 어떻게 나왔을까? 정국의 성격 유형은 '호기심 많은 예술가' 혹은 '성인군자' 타입이다. MBTI 검사 자료는 정국 같은 사람이 다음과 같은 면을 보인다고 한다.

> "말없이 다정하고 온화하며 사람들에게 친절하고 겸손하나, 상대방을 잘 알게 될 때까지 따뜻함을 잘 드러내지 않는다. 자신의 의견이나 가치를 타인에게 강요하지 않으며, 의견 충돌을 피하고, 인화를 중시한다. 사람과 관련된 일을 할 때 자신과 타인의 감정에 지나치게 민감하다. 겉보기에는 조용하면서 타인에 대한 포용력이 넓어 선량하고 순수하며, 착한 사람의 이미지를 가장 많이 풍기지만 약간 우유부단한 면도 있다. 감정에 굉장히 충실해 스트레스에 약한 편이다. 문학·음악·미술 분야에 어울리는 예술가 기질도 있으며, 사회봉사 직종에도 어울리는 성격이다."

정국은 연습생 시절엔 부끄러움이 더 많았다. 그래서 숙소에서조차도 존재감이 거의 없이 조용한 편이었고, 남들 앞에 나서서 노래 부르는 것도 힘들어했다. 소속사 관계자들이 "저렇게 끼가 없어서야 어떻게 아이돌을 하겠느냐"며 걱정했을 정도다. 하지만 정국은 "말보다 행동이 먼저!"라는 생각을 강하게 품고 있다. 그래서 옳다고 믿는 것을 반드시 행동으로 옮긴다.

가창력 그리고 연애관

정국은 성실하고 이해심 많으며 개방적이다. 또한 깊은 감성과 부드러운 마음을 가졌다. 하지만 이를 겉으로는 잘 표현하지 않는 정국은 메인보컬을 맡을 정도로 가창력이 뛰어나서 격렬한 무대 퍼포먼스를 하면서도 노래를 안정적으로 부른다. 파워보컬보다는 잔잔한 감성보컬적인 면이 강하고, 부드러운 음색을 가졌다는 호평도 받는다. 특히 가성을 잘 써서 노래한다.

2020년에 발매된 앨범 <MAP OF THE SOUL>의 타이틀곡 <ON>에서 무려 3옥타브에 달하는 초고음으로 노래해 역시 BTS의 메인보컬임을 입증했다. 즉, 고음은 물론 음원과 구별하기 어려운 무시무시한 라이브 실력도 보여주었던 것이다. 또한 본인이 직접 프로듀싱에 참여하기도 하는데, 정국이 프로듀싱한 곡 <화양연화 part1>의 마지막 트랙인 <OUTRO: Love is Not Over>는 섬세한 피아노 선율과 정국의 부드러운 목소리로 이루어져 듣는 이들에게 아름다운 감동을 준다.

섬세하고 감미로운 목소리로 듣는 이들의 심금을 울리는 정국은 어떤 여자를 좋아할까? 정국은 MBC 라디오 <우상본색>과의 인터뷰에서 "날 좋아해주고, 노래도 잘 부르고, 키 160센티미터 정도의 피부 하얗고 똑똑한 여자"라고 대답했다. 또 SBS <인기가요>의 미니 인터뷰에서는 "치마보다는 청바지가 잘 어울리는 여자, 내가 김치볶음밥을 만들어주면 잘 먹어주는 여자"라고 대답했다. 이렇듯 막내다운 점이 많은 정국을 이끌어주고 잘 맞춰줄 수 있는, 넓고 깊은 마음을 소유한 여성이 정국의 이상형인 것이다.

다섯 번째, '아미의 희망' 제이홉은 어떤 사람인가?

제이홉은 BTS에서 서브래퍼와 메인댄서를 맡고 있다. 어릴 적부터 춤에 미친 제이홉은 BTS에서 독보적인 댄서다. RM과 더불어 친화력이 좋아 사람들과 잘 어우러진다.

 프로필

- 이름 정호석(鄭號錫, Jeong Hoseok), 예명은 제이홉
- 하동 정씨
- 1994년 2월 18일, 광주 출생
- 가족관계는 부모님, 누나, 그리고 반려견 '미키'가 있음
- 키 177센티미터, 몸무게 65킬로그램, 혈액형 A형
- 종교는 무교!
- 취미는 스트릿댄스, 프리스타일댄스, 비트박스, 애교, 정리정돈, 테니스

개인사

학창시절부터 타고난 춤꾼이던 제이홉은 '스마일 호야(Smile Hoya)'라는 예명으로 공연했었다. 광주에서 스트릿댄서로 활동하며 여러 댄스배틀과 댄스페스티벌에서 우승했다. 2009년 JYP 엔터테인먼트 공채 6기 오디션에서 남자 댄스팀으로 출전해 인기상을 수상한 것을 계기로 연습생 트레이닝을 받은 뒤, 2010년 초 빅히트 엔터테인먼트의 오디션으로 캐스팅되어 이적했다.

2013년 제이홉은 엠넷(Mnet)의 프로그램인 <엠카운트다운>을 통해

BTS 멤버로 공식 데뷔했다. 싱글앨범 <2 COOL 4 SKOOL>을 발매했으며, 동료 멤버인 RM 및 슈가와 공동작곡한 <No More Dream>의 작사 작업을 계기로 BTS의 모든 앨범의 프로듀싱에 참여하고 있다.

제이홉은 적극적이고 에너지가 넘치며, 입을 벌리고 활짝 웃을 때의 개구쟁이 같은 인상이 매력적이다. 예능프로그램에 출연할 때도 재미난 입담과 활기찬 모습을 보여준다. BTS의 두 번째 정규앨범 <WINGS> 중에서 도입부인 <Intro: Boy Meets Evil>과 어머니에 관한 이야기를 담은 솔로곡 <MAMA>에서 제이홉은 매력적인 랩과 춤 실력을 발휘했다.

BTS에서는 전문 안무팀과 함께 안무기획에 적극 참여해서 '안무팀 정 팀장'이라는 별명으로 불린다. 한마디로 화려한 퍼포먼스를 이끄는 핵심인 것이다. 그래서 제이홉의 춤에서는 사명감이 느껴진다!!! 제이홉은 춤을 출 때 느낌대로 추는 것이 아니라, 박자를 정확히 쪼개서 정확한 동작을 빠짐없이 보여준다.

제이홉은 이렇듯 처음에는 BTS에 댄서로 들어왔으나, 자연스럽게 래퍼들과 생활하다 보니 랩을 시작했다. 이 과정에서 RM과 슈가가 제이홉에게 많은 도움을 주었다. 제이홉은 가사를 전달하는 능력이 뚜렷하고, 음색에 개성이 있다. 그래서 BTS에서는 중간을 연결하는 역할이나 브릿지 부분을 주로 맡고 있다.

제이홉이 웃는 모습을 보면 유난히 편해진다는 아미 멤버들이 많다. 이는 제이홉이 "I'm Your Hope, Your My Hope, I'm J-HOPE!"라고 외치듯 역시나 제이홉이 아미의 희망(Hope)이라서가 아닐까?

인성

제이홉은 개구쟁이 이미지와 밝게 웃는 모습 덕분에 긍정적이고 활기차 보인다. 그렇지만 속마음은 여려서 상처 받으면 담아두고서 티를 안 내는 편이라고 한다. 제이홉은 권위적이지는 않으면서 부드러운 완고함을 지닌 편이다. 불필요한 갈등을 일으킬 타입도 아니다. 그래서 BTS의 분위기가 좋은 게 다 제이홉 덕분이라고 한다. 특히 슈가의 천재성을 칭찬해주면서 정서적으로 지지해준다고 한다.

BTS 멤버들은 제이홉이 "사람들에게 활력을 주고 싶어 하며, 중재자 역할을 잘한다. 또한 동정심과 동료애가 넘치며, 참을성이 많고 성실하며, 질서정연하다. 또 고민 상담도 잘해주지만, 마음의 상처도 받는 편이다. 친구이지만 매사에 긍정적이고, 심지어 존경할 만하다"라고 평가한다. 경조사와 격식을 잘 챙기고, 다른 멤버들의 생일에 트위터 글 올리는 것을 보면 멤버들을 잘 챙기며 성실한 것 같다. 그러니 BTS 멤버들 중 공무원생활 제일 잘할 듯한 사람이 제이홉일 것 같다는 평도 있지 않겠는가.

그러나 제이홉은 이렇듯 들뜨고 친화적인 분위기 메이커이지만, 실은 감정의 기복이 있는 편이라 무조건 밝지는 않다고 한다. 밝은 면 뒤에는 그림자가 있듯이 말이다. 그럼 제이홉의 MBTI 검사 결과는 어떻게 나왔을까? 제이홉은 '친선 도모' 타입이다. MBTI 검사 자료는 제이홉 같은 사람이 다음과 같은 면을 보인다고 한다.

"다른 사람들에게 관심을 많이 쏟으며, 친절하고 동정심이 많으며, 인화를 중시하는 '사교적인 외교관'이다. 타고난 협력자라서 동료애가 많고 친절하며, 능동적인 구성원이다. 이야기하기를 즐기며, 정리정돈을 잘하고 참을성이 많으며, 다른 사람들을 잘 도와준다. 그래서 사람을 다루거나 관련 행동이 필요한 분야, 예를 들면 교직·성직·판매, 특히 동정심이 있어야 하는 간호·의료 분야에 적합하다. 일이나 사람에 대한 문제에 냉철한 입장을 취하는 것을 어려워한다. 반대 의견에 부딪혔을 때 혹은 자신의 요구가 거절당했을 때 마음의 상처를 받는다."

그러니까 제이홉 같은 사람은 "어려울 때 친구가 진짜 친구다"라는 가치관을 가지고 있으며, 칭찬 받고 싶을 때는 더욱 모범적으로 행동하는 경향도 있다. 부지런하고 예의 바르기에 직장 상사들과 주위 사람들의 인기를 많이 사며, 단체생활에서 조화와 협동을 중시하는, 성실하고 바른 사람이다.

춤 그리고 랩 실력과 연애관

"누가 BTS 최고의 댄서인가?"라는 질문에 BTS의 다른 멤버들까지도 제이홉을 가리키는 걸 보면 본인의 능력이나 노력에 대해 주위 사람들로부터 존경을 받고 있는 듯하다. 그만큼 제이홉이 BTS의 춤과 무대에 대한 책임감을 갖고 있으며, 그래서 항상 완벽한 퍼포먼스를 위해 팀을 이끌고 있다는 말이 아니겠는가.

광주 출신인 제이홉은 동방신기의 유노윤호, 2NE1의 공민지, 레이디스 코드의 주니와 같은 댄스학원 출신이다. 한때 광주에서 스트릿댄서로 활동했었던 걸 떠올리면, "RM과 슈가가 언더그라운드래퍼라면, 제이홉은 언더그라운드댄서"라고 말할 수 있겠다.

제이홉의 스타일에 가장 최적화된 안무는 바로 'MIC Drop'이다. 제이홉은 비중이 높은 곡부터 퍼포먼스까지 매우 결정적인 역할을 차지한다. 특히 시작 부분에서 발을 굴리며 추는 프리스타일 댄스가 압권이다. 심지어 연말무대에서는 브레이크댄스의 신들린 듯한 움직임을 선보여 무대를 보고 있던 여러 연예인들이 입을 벌리고 경악했다. 이처럼 제이홉은 '춤신－춤왕'으로서 BTS의 메인댄서이지만, BTS에 들어온 뒤에는 랩도 빨리 배운 뒤 서브래퍼가 되어 멜로디가 있는 파트도 맡게 되었다. 제이홉은 랩을 하면서 톤의 높낮이에 급격한 변화를 줄 때도 많고, 독특하고 개성 있는 플로우도 자주 사용한다. 특히 <Save ME>, <BTS Cypher PT.3: KILLER(Feat. Supreme Boi)>, <BTS Cypher 4> 등의 곡에서 이런 특징을 잘 보여준다.

부드럽고 선한 인상을 가진 후천적 애교쟁이인 제이홉의 연애관은? 일본 잡지의 기자가 "여성을 볼 때 가장 먼저 어디를 보나요?"라고 물었을 때 제이홉은 "저는 희망차고 긍정적인 여자가 좋아요"라고 답했다. 그러면서 자신이 신날 때 같이 호흡할 수 있는 밝은 여자, 미국의 여가수 겸 여배우 아만다 사이프리드처럼 책 좋아하고, 내조랑 음식 잘하는 여자라고 덧붙였다. 이상형은 몸매 좋고 똑똑하고 리더십 있는 여자, 기가 세고 착한 여자라고 했다. 그러니까 제이홉은 현실적이면서 자기 일도 부지런히 하는, 분위기 띄울 줄도 아는 여자를 좋아할 것 같지 않은가?

여섯 번째. '미니 미니(mini mini)' 지민은 어떤 사람인가?

지민은 BTS에서 제이홉과 함께 메인댄서이자 보컬리스트를 맡고 있다. 팬들은 "미니 미니(mini mini)하다"면서 '지미니'라고도 부르며, 슈가와 함께 묶어 '미니미즈'라고 부르기도 한다. 비의 무대를 보고 가수의 꿈을 키운 지민은 부산예술고등학교 무용과 수석 입학생이며, BTS에서도 엄청난 노력파이자 끈질긴 연습벌레로 유명하다. BTS의 온라인 콘텐츠에 자주 등장해 활력을 일으키거나 소통의 능력을 적극적으로 보이고 있다.

프로필

- 이름 박지민(朴智旻, Park Jimin), 예명은 지민
- 밀양 박씨
- 1995년 10월 13일, 부산 출생
- 가족관계는 부모님, 남동생
- 키 177센티미터, 몸무게 65킬로그램, 혈액형 A형
- 종교는 무교!
- 취미는 춤, 노래, 팝핀, 현대무용, 프리스타일, 마샬아츠

개인사

지민은 2013년 6월 12일 엠넷(Mnet)의 프로그램인 〈엠카운트다운〉으로 싱글앨범 〈2 COOL 4 SKOOL〉을 발매하면서 데뷔했다. BTS가 2016년 10월 발매한 두 번째 정규앨범인 〈WINGS〉 중에서 소년의 고뇌를 담고 있는 〈LIE〉는 지민의 첫 솔로곡이다. 지민은 이를 시작으로 2020년 2월 〈MAP OF THE SOUL: 7〉의 솔로곡 〈Filter〉를 작곡했다.

학창시절에 학생회 임원으로 활동했을 정도로 모범생이었지만, 무용에 관심이 생겨 본래 진학하려고 했던 과학고 대신 부산예술고등학교에 수석으로 입학했다. 18살 때인 고등학교 2학년 시절 빅히트 엔터테인먼트의 부산 공개 오디션을 통해 서울에 올라왔다.

데뷔 초에는 힙합 아이돌이라는 방향에 맞춰 파워풀한 퍼포먼스 중심의 무대를 주로 선보였는데, 이때 대표 데뷔곡인 〈No More Dream〉에서의 발차기와 〈N.O〉에서의 공중돌기 아크로바틱(Acrobatic, 곡예와 다름없는 동작)을 주 무기로 한 브레이크댄스 등이 주목을 받았다. 또한

익스트림 스포츠인 마샬아츠(martial arts)를 수련해 아크로바틱에 능숙하다.

춤을 잘 춘다는 아이돌들 중에서도 춤을 매우 잘 추는, 다재다능하고 자부심이 강한 댄서다. BTS에서도 팝핀과 현대무용을 접목시킨, 강점이 아주 많은 멤버다. 그래서 BTS에서는 제이홉을 '안무팀장'이라고 부르듯이 지민을 '안무과장'이라고 부른다.

지민은 그루브, 파워, 강약 조절, 유연성, 아름다운 춤선, 자기만의 필(feel)을 갖췄으며, 특히 선이 아름다운 현대무용은 물론 남성적인 힙합댄스도 독보적일 정도로 잘 춘다. 360도 회전을 충분히 소화할 정도로 피와 땀과 눈물이 어린 노력을 하는 지민의 춤은, 기존 안무에 자잘한 기교를 섞는 애드리브(ad lib)가 많다.

지민은 무대에 설 때마다 강렬한 눈빛으로 관중을 압도한다. 프로근성이 강해서 공과 사가 뚜렷하지만, 무대 아래에서는 명불허전 '순딩이'로 돌변해 수줍어하는, 온순하고 착한 남자다. BTS의 다른 멤버들 모두 '힘들 때 가장 많이 도와주는 멤버'로 지민을 꼽았다는데, 그렇다면 '순딩이' 지민의 실제 성격은 어떨까?

인성

지민은 인생의 롤모델로 빅뱅의 태양을 꼽았다. 또한 같은 1995년생 동갑내기인 동료 멤버 뷔와 제일 친하다. 감수성이 풍부하고 여린 지민은 애교쟁이이기도 해서 평소에 장난기가 많은 편이다. BTS의 다른 멤버들은 지민이 유순하고 착해서 거절을 못하는데다가 수줍음이 너무 많아서 낯을 가리지만, 친해지면 고민을 잘 들어주고 주변도 챙기는 성격이라고 한다. 또한 은근히 승부욕 있고, 자존심과 고집도 세다고 덧붙인다.

웃음이 많은 편인 지민은 특히 눈웃음이 매우 매력적이다. 또한 작고 마른 체구는 무용으로 다져진 허벅지와 숨겨진 잔근육이 있어 '핫바디(Hot body)'로 불린다. 그리고 키에 비해 다리가 길쭉하다고 한다.

지민은 활동을 위해 염색을 즐겨 하는데, 이에 대한 반응이 폭발적이다. 매 음반에 따라 몽환적이면서도 신비로움이 감도는 머리색과 아이 메이크업으로 전 세계 팬들의 시선을 사로잡는다. 특히 미국 팬들은 지민에게 '미디어 달링(Media Darling)'이라는 별칭도 붙여주었다. 이 정도로 지민은 일반 팬들뿐만 아니라 언론 관계자들의 사랑도 받고 있다.

이처럼 팬들과 미디어의 뜨거운 사랑을 받는 지민의 MBTI 검사 결과는 어떻게 나왔을까? 지민은 언변이 능숙한 타입이다. 사교적이면서 타인의 의견을 존중하며, 비판을 받으면 예민하게 반응한다는 것이다. MBTI 검사 자료는 지민 같은 사람이 다음과 같은 면을 보인다고 한다.

> "따뜻하고 적극적이며, 책임감이 강하고 사교성이 풍부하며, 동정심이 많다. 민첩하고 인화를 중요시하며, 참을성이 많다. 다른 사람들의 생각이나 의견에 진지한 관심을 가지며, 공동선을 추구하기 위해 다른 사람의 의견에 대체로 동의한다. 현재보다는 미래의 가능성을 추구하며, 편안하고 능란하게 계획을 제시하면서 집단을 이끌어가는 능력이 있다. 사람을 다루는 교직·성직·심리상담치료·예술·문학·외교·판매에 적합하다. 종종 다른 사람의 좋은 점을 지나치게 이상화하고 맹목적 충성을 보이는 경향이 있으며, 다른 사람도 자기와 같을 것이라고 생각하는 경향도 있다."

정리하자면 이런 타입의 사람은 꽤 정의로운 편이며, 좋은 세상을 만들기 위해 타인들을 올바른 방향으로 이끄는 것에서 큰 가치와 보람을 느낀다. 남의 일도 내 일처럼 여겨서 함께 울어주고 웃어주는 넉넉한 마음이 준비된 사람인 것이다.

춤 그리고 랩 실력과 연애관

지민은 춤을 매우 잘 추며, 아크로바틱과 힘이 많이 필요한 안무도 잘 소화한다. 또한 버터플라이(Butterfly) 같이 섬세한 안무를 비롯하여 다양한 장르의 춤을 폭넓게 소화한다. 지민의 춤이 남다른 이유 중 하나가 디테일(detail)이다. 여럿이 춤을 춰도 사소한 웨이브(wave)나 동작을 끊어주는 행동 하나하나의 디테일이 다르다. 이런 것들이 지민의 무대를 더 돋보이게 만든다. 지민은 '멜론 뮤직 어워드(MELON MUSIC AWARDS) 2017'의 무대에서 자신의 파트인 '허공을 떠도는 작은 먼지처럼'을 고난도의 안무로 소화해냈다. 역시나 독보적인 유연성의 소유자다.

선이 예쁜 댄서인 '순딩이' 지민은 어떤 여자를 좋아할까? 지민은 MBC 라디오 <우상본색>과의 인터뷰에서 "저는 귀여운 걸 되게 좋아합니다. 그냥 귀여우면 잘 빠지는 것 같아요. 엉뚱한 매력에 빠져요" 라고 말했다. 지민은 BTS 멤버들 중에서 외모를 가장 많이 보는 편이라고 한다. 섹시하고 귀엽고 청순하고 독특하고 털털한 여자를 이상형으로 꼽는다는 이야기도 들린다. 특정한 선을 지키고 내면화하는, 상식적이면서 귀여운 매력의 애교 있는 여성이 바로 '지미니'의 짝이 될 것이다!!!

일곱 번째. '성형외과 의사들이 뽑은 미남 1위' 진은 어떤 사람인가?

BTS 멤버 중 최연장자인 진은 서브보컬을 맡고 있다. 또한 다른 멤버들이 인정하는 'BTS의 공식 비주얼 담당'이다. 고급스러운 분위기를 풍기는, 도시적이고 차분한 느낌의 정석적 미남이다. 하지만 잘생긴 외모와는 달리 아재개그와 '허당(실수를 잘하고 어설픔)' 같은 반전의 매력을 가지고 있는 캐릭터다. 맏형이지만 맏이답지 않고 순둥순둥해서 드센 동생들에게 치이곤 한다.

 프로필

- 이름 김석진(金碩珍, Kim Seokjin), 예명은 진
- 광산 김씨 39대손
- 1992년 12월 4일, 경기도 안양에서 태어나 과천에서 성장
- 가족관계는 부모님, 결혼한 형과 형수, 그리고 반려견 '국물이'가 있음
- 키 179센티미터, 몸무게 63킬로그램, 혈액형 O형
- 종교는 무교!
- 취미는 '마리오' 시리즈 인형 및 '알제이' 캐릭터 인형 수집, 요리, 게임 <메이플스토리> 플레이, 낚시

개인사

예명 '진'은 본명에서 따왔다. 2011년 초 건국대학교 영화예술학과 1학년 재학 시절 등교 도중 빅히트 엔터테인먼트 관계자에게 길거리 캐스팅을 받았다. 이를 계기로 빅히트 엔터테인먼트의 연습생이 되었다. 2013년 6월 13일 엠넷(Mnet)의 프로그램인 <엠카운트다운>을 통해 데뷔했으며, BTS 싱글앨범 <2 COOL 4 SKOOL>을 발매했다.

고운 미성을 가진 진은 한국형 발라드 OST에 특히 더 어울리는

독보적인 미성 보컬이다. 이는 진이 BTS의 타이틀곡 중 솔로보컬 부문을 주로 맡음으로써 당당히 입증되었다. '상견례 같은 건 안 하고 넘어갈 연예인'으로 자주 꼽히기도 한 진은, BTS에서 맏형이지만 외모 순위를 정할 때 거의 늘 1위로 뽑힌다. 사실, 실제로 진을 보면 "역시 그럴 만하다!"는 생각이 든다. 심지어 진의 외모에 대해서는 다음과 같은 찬사들도 나왔다.

> "성형외과 의사들이 뽑은, 과학적으로 가장 잘생긴 아시아
> 남성 1위"
> "네덜란드의 창의적 비주얼 아티스트팀이 뽑은 세계에서 가
> 장 완벽한 얼굴 남자 부문에 선정"
> "수학적인 미적 관점에서 세계에서 가장 완벽한 얼굴"
> "뉴욕 거리에서 인종·나이·성별 상관없이 무작위로 실시한
> 미남투표에서 혼자 10표가 넘는 표를 얻으며 압승하여 1위"

이런 찬사들을 받을 정도로 빼어난 외모 덕분에 중학생 시절에는 SM엔터테인먼트로부터 캐스팅 제의를 받기도 했다. 하지만 이때 진은 사기인 줄 알고 거부했다는 웃지 못할 에피소드가 있다. 이후 배우의 길을 걸으려 한 진은 210 대 1이라는 어마어마한 경쟁률을 뚫고 건국대학교 영화예술학과에 합격했다. 그런데 대본을 보며 등교하다가 앞서 말했듯이 빅히트 엔터테인먼트 관계자에게 캐스팅되면서 오늘날 'BTS의 진'이 되어 우리 앞에 있다.

얼굴은 다정다감하고 선해 보이는 호감형, 넓은 어깨에 큰 키, 훌륭한 몸의 비율 등을 갖췄다. 미켈란젤로의 다비드 조각상이 숨을 쉬며 움직이는 것 같다. 게다가 반전미 넘치는 '허당'의 매력까지!!! 전

생에 무슨 업을 그토록 잘 쌓았기에 이토록 완벽하게 태어났는가!!!

꿈이 무엇이냐는 질문을 받으면 "나이가 들어도 이 친구들(BTS의 다른 멤버들)과 함께 공연을 하는 것"이라고 답한다. 역시 '의리남'이다. 어렸을 때 꿈은 '아버지처럼 되는 것'이었을 정도로 소박하고 평범했다. 지금은 "어머니께서 자랑스러워하실 아들이 된 먼 미래에는 귀농해 흙과 살고 싶다"는 작지만 속 깊은 꿈이 있다.

진은 어렸을 때부터 반려견과 함께 성장해 강아지 사랑이 특별하다. 옛 반려견 '짱구'는 말티즈 믹스견이었는데, 진과는 12년간 같이 지낸 가족과도 같은 존재였다. 그러나 2016년 9월 말 무지개다리를 건넜다. 그 뒤 새로운 반려동물 '오뎅이'와 '어묵이'를 입양했다. 그런데 이 둘도 안타깝게 무지개다리를 건너가서 지금은 '국물이'만 진의 옆에 남아 있다. "지나간 사랑의 상처는 새로운 사랑으로 위로되고, 아픔을 극복하듯 사랑은 또 다른 사랑이 와야 새롭게 생명력을 이어간다"는 말이 생각난다.

인성

"맏형이랍시고 무게만 잡고서 동생들을 혼내고 싶지는 않다. RM과 슈가가 듬직한 형 역할을 해주니까 난 좀 더 가볍고 밝은 분위기를 만들어주고 싶다."

진은 이렇듯 올곧고 자상하며 가정적이다. 가히 여자들의 로망이요, 결혼하고 싶은 남자다. 하지만 데뷔 초에는 말수가 적고 차분한 편이었다. 기본적으로는 순하지만 종종 비글 강아지처럼 에너지 넘치고 활기찬 모습을 보여준다. 특히 팬들에게 아재개그를 선보여 큰 웃음을 선사하려고 노력한다.

진의 가장 큰 매력은 무엇일까? 비주얼? 예능 능력? 아니, 인성이다!!! 나이 한 살 더 많은 것이 중요하게 여겨지는 한국 사회에서 맏형임에도 '짱'으로 행세하지 않고 동생들을 잘 받아준다는 평을 들을 정도니까. 이러한 진의 MBTI 검사 결과는 어떻게 나왔을까? 진도 슈가처럼 '아이디어 뱅크' 타입이다. 물론 둘이 같은 사람은 아니라서 MBTI 검사 자료는 진 같은 사람이 다음과 같은 면을 보인다고 한다.

> "조용하고 과묵하며 논리와 분석으로 문제를 해결하는 것을 좋아한다. 과묵하나 관심이 있는 분야에 대해서는 말을 잘하며, 이해가 빠르고, 높은 직관력으로 통찰하는 재능과 지적 호기심이 많다. 개인적인 인간관계나 친목회 혹은 잡담 등에 별로 관심이 없으며, 매우 분석적·논리적이고, 객관적 비평을 잘한다. 지적 호기심을 발휘할 수 있는 순수과학·연구·수학·엔지니어링 분야나 추상적 개념을 다루는 경제·철학·심리학 분야의 학문을 좋아한다. 지나치게 추상적이고 비현실적이며, 사교성이 결여되기 쉽고, 때로는 자신의 지적 능력을 은근히 과시하기에 거만해 보인다."

실제로 진은 멤버들을 컨트롤해야 할 경우 가만히 지켜보다가 조용히 챙기는 식이다. 그러니까 진은 선하고 인정 많으며 착하다. 동물 권리 행동 단체인 카라, 동물자유연대, 행강 유기견 보호소 등에 사료, 밥그릇, 담요 등을 직접 구입해 보내고, 매달 일정 금액을 기부하고, 유니세프에 기부한 금액도 1억 원이 넘어 '아너스클럽'의 회원이 되었다. 남들이 알아주든 말든 기부와 선행을 묵묵히 그리고 꾸준히 해왔다는 점에서 잔잔한 감동과 따뜻함을 느낄 수 있다.

사랑을 줌으로써 더 많이 받는 경험을 한 적이 있는가? '주는 사랑'

에 익숙한 사람은 살아있는 생명체를 조건 없이 돌봄으로써, '그들의 살아있음'에서 자신의 존재 가치를 찾는다고 한다. 이렇듯 작은 생명의 가치도 소중히 여기는 진은 분명 따뜻한 인간미와 자비심이 충만한 남자인 것이 확실하다.

가창력, 연애관 그리고 병역 의무

2017년 9월에 출시한 음반 <LOVE YOURSELF 承 'Her'>에서 진의 파트를 들어보면 고운 음색에 힘이 많이 실렸음을 알 수 있다. 그럼에도 진은 상당한 가창력이 요구되는 파트도 안정적으로 소화해 BTS의 독보적인 미성 보컬임을 당당히 입증했다. 진은 원래 배우가 되려 했지만 운명이 그를 BTS의 멤버로 만들었다.

춤이나 노래와는 거리가 멀었던 진은 운명을 받아들이고서 춤과 노래를 시작했고, 매일 8~10시간씩 꾸준히 매진할 정도로 열심히 노력해 실력을 발전시켜 팬들을 놀라게 했다. 춤에 대한 진의 열정은 어쩌면 성실함의 결과물이리라.

진은 섹시하거나 '강한' 여자와는 다소 거리가 있다. 진의 이상형은 한마디로 '현모양처'가 아닌가 싶다. 인터뷰에서 진은 자신의 이상형이 "강아지상에 집안일과 요리 잘하는, 심성이 착한 여성. 덩치가 약간 있고, 키는 160센티미터쯤이고, 몸무게는 상관없다"라고 구체적으로 말했다.

2021년 현재 만 28세인 진도 대한민국의 여느 젊은이들처럼 병역 의무를 져야 한다. 물론 진은 당당하게도 "병역은 당연한 의무이기에 나라의 부름이 있다면 언제든 응할 예정"이라고 대한민국의 건강한 상남자임을 증명하듯 멋지게 말했다.

BTS
희망은 반드시
시련을 품고 있다

IV

BTS, 새로운 형태와 희망,
그리고 공유가치

제1장

기술 발전 시대의 글로벌 문화 콘텐츠

새로운 세상이 오고 있다, 무서운 속도로……. 어쩌면 내가 가진 모든 지식과 경험이 쓸모없어질 수도, 더 이상 필요하지 않을 수도 있다. 이와 같은 사회 변화의 주 동력은 무엇보다도 기술의 혁신적 발전, 즉 새로운 기술의 출현이다. 이는 사회의 전반적 변화를 야기하는바, 엔터테인먼트 쪽의 변화도 예외일 수는 없다.

우리의 삶에서 대부분의 사람들은 아침에 눈을 뜨면 제일 먼저 스마트폰을 본다. 만약 스마트폰을 잃어버렸다면? 가슴이 답답하거나 몹시 불안했던 경험이 누구든 있으리라. 이처럼 스마트폰이 없는 삶은 상상하기조차 어렵다. 아니, 싫다!!! 왜냐면 우리의 삶은 모바일 네트워크로 전 세계와 연결되어 있기 때문이다. 아니, 우리 자신이 모바일 네트워크와 연결되어 있고, 그래서 모바일 네트워크가 우리의 삶 전체를 지배하기 때문이다. 그러니까 우리는 모바일 네트워크에서 자유롭지 못한 존재가, 스마트폰이 없으면 숨조차 쉴 수 없는 존재가 된 것이다.

이러한 상황마저 야기한 디지털 혁명은 20세기 후반에 시작되었으며, '융합'과 '공유'라는 가치를 모바일 네트워크에 실현시켰다. 디지털 기술은 그 자신이 태어날 때부터 모든 매체 형식들의 융합을 함축한다. 이러한 특성은 스마트폰에서 명확하게 드러나고 있다. 디지털 기술이 모든 자료가 호환될 수 있음을 증명해주고, 인터넷 네트워크는 그 가능성을 현실화시키고 있는 것을 보라. 텍스트·이미지·동영상·사운드 등 모든 자료를 디지털화한 뒤 인터넷에 업로드해 모든 사람이 공유할 수 있게 하지 않는가. 유튜브의 동영상이 스마트폰에서 공유되는 것을 보라. 이것은 모바일 네트워크의 '공유'라는 특징을 가장 잘 보여준다. 그리고 이제는 거의 모든 소통과 지식의 공유가 유튜브로 이루어지고 있다.

디지털 기술이 더욱 발전하면서 이제는 남녀노소 누구나 미디어를 쉽게 활용할 수 있게 되었다. 그래서 과거와 달리 스마트폰으로 공유되는 콘텐츠를 단순히 소비하는 것에 그치지 않고 자신만의 창의적인 콘텐츠를 제작해 유통시키고 있다. 이른바 '트랜스미디어 콘텐츠(Transmedia contents)의 시대', 콘텐츠의 소비자가 곧 창작자이기도 하다는 '콘텐츠 프로슈머(contents prosumer)의 시대'가 온 것이다. 아울러 디지털 미디어를 통해 대중문화가 일개 국가를 넘어 전 세계로 전파되고 있으며, 이로써 초국가적 문화 소비가 가능해졌다.

트랜스미디어는 21세기 디지털 시대 미디어 환경의 새로운 콘텐츠 산업 전략이자 서사 전략으로, 1991년 미국 캘리포니아 대학의 영화학 교수이자 문화연구가 마샤 킨더가 처음 제시했다. 2006년 미국 미디어·커뮤니케이션·저널리즘·영화예술 학자인 핸리 젠킨스가 이 용어를 대중화시켰다. 트랜스미디어의 등장 배경으로는 포스트모더니즘 사회, 고도로 발전한 디지털 문화 환경, 다양해진 미디어 환경, 그리고 체험 중심 문화 향유의 활성화 등이 제시된다.

바로 지금 전 세계적 스타가 된 BTS는 트랜스미디어의 꽃과 같은 사례다. BTS는 총알을 막아내는 방탄조끼처럼 동시대 젊은이들이 살아가면서 겪는 고난과 사회적 편견과 억압을 막아내고, 자신들의 음악과 가치를 당당히 지켜내겠다는 의지를 갖고 있다.

콘텐츠의 단순 공유에 그치지 않고 창의적 콘텐츠를 재생산하는 것이 트랜스미디어이듯, BTS의 팬덤인 아미에게서 우리는 콘텐츠 프로슈머를 볼 수 있다. 아미는 새로운 콘텐츠를 창작하기 위해 원작으로부터 재료를 끌어와 자신들의 특수한 미학적 전통을 가진 팬 텍스트(fan text)들을 생산한다. 아미의 멤버들이 공유하는 콘텐츠 중에는 BTS가 발표한 앨범의 텍스트를 해석해주는 게 많다. 예를 들어, BTS의 두 번째 정규 앨범 <WINGS>를 분석한 뒤 헤르만 헤세의 소설 『데미안』을 모티브로 BTS 멤버별 쇼트필름을 제작한 경우가 그러하다. 고전문학에서 앨범의 주제를 찾고, 다른 팬들이 해당 소설의 내용을 따라가며 BTS 앨범의 영상을 해석할 수 있도록 장치를 마련해둔 것이다.

아미의 멤버들은 이렇듯 적극적으로 BTS의 앨범에서 '단서'를 찾고 분석해 새로운 콘텐츠를 만들어 다른 팬들과 공유하면서 유대감을 확인한다. 물론 아미의 멤버들도 각자 다른 해석을 내놓기도 하지만, 오히려 그 과정에서 BTS에 대한 공감이 더 깊어진다. 이는 결과적으로 BTS가 또래 팬들의 호응을 얻을 수 있는 원동력이 되었다.

아미 멤버들은 BTS의 근황 소개, 새로운 소식 전달, 댄스 커버(Dance cover, 다시 춘 춤의 영상)의 성공 요인 분석, 영상 편집 모음, 리액션 영상 등을 공유하면서 직접 다양한 콘텐츠들을 지속적으로 재생산하고 있다. 또한 다 함께 머리를 맞대고서 BTS가 발표한 앨범의 텍스트의 의미를 공유하거나 토론한다. 이 과정에서 다른 팬들과의 사회적 상호작용을 지속한다.

기술의 급속한 발전과 이 과정에서 이루어지는 문화 콘텐츠의 변화는 새로운 '혼종'의 문화를 만들어냈다. 오늘날에는 대중문화의 소비도 초국가적·혼성적으로 이루어지고 있으며, 문화 교류와 관련해서도 이전에는 없었던 '문화 교차', 즉 트랜스컬처레이션(transculturation)이 나타나고 있다. 즉, 새로운 문화의 이입·변형 과정에서 각 문화들 간의 단호한 경계가 애매해지면서 다양한 교류가 이루어지고 있는 것이다. 한마디로 다양한 미디어 시스템으로 소통하고, 콘텐츠 생산 과정에서 팬덤 등 소비자들도 적극적으로 자신의 주장과 의견을 자유롭고 당당하게 말하게 된 것이다.

오늘날의 글로벌 문화 소비 시대에 전 세계 사람들에게서 사랑 받는 콘텐츠를 제작하려면 끊임없는 상호 소통에 더 적극적으로 더 자유롭게 참여해야 한다. 또한 새로운 '혼종'의 문화와 기술을 접하거나 이미 누리고 있는 우리는, 다양한 인종과 문화와 행동 양식을 받아들이기 위해 더욱 포괄적이고 넓은 세계관과 가치관을 갖춰야 할 것이다.

제 2 장
기존 질서를 뒤엎는 혁명

　빌보드 측은 2020년 10월 12일 공식 트위터를 통해 "BTS가 참여한 <새비지 러브(Savage Love)>의 리믹스 버전이 10월 17일 자 '빌보드 핫 100' 1위로 진입했다"고 밝혔다. BTS는 <다이너마이트>에 이어 <새비지 러브>로 다시 한 번 '빌보드 핫 100' 1위를 달성했고, 이로써 총 네 번이나 '빌보드 핫 100' 차트에 이름을 올리는 영예를 안았다. 이날 BTS의 <다이너마이트>도 '빌보드 핫 100' 차트의 2위에 이름을 올렸기 때문이다. 즉, <다이너마이트>도 이로써 7주째 '빌보드 핫 100' 차트의 최정상권에 랭크된 것이다.

　'빌보드 핫 100' 차트에서 1·2위를 동시에 석권한 그룹은 2009년 미국 팝 그룹 '블랙 아이드 피스' 이후 BTS가 처음이다. 더군다나 BTS는 한국어 가사로 이런 쾌거를 이룬 것이다. 빌보드에서는 처음으로 말이다!!! 자국민들이야말로 '1등 국민'이라는 우월감을 갖고 있는 미국인들은 문화적 충격을 받았으리라. 이로써 미국이라는 전 세계적 주류 거인이 형성한 암반을 뒤흔들며 뚫고 나온 BTS라는 비주류 거인이

전 세계 젊은이들에게 희망의 바람을 몰고 왔다.

1964년 영국의 록 밴드인 비틀스가 미국에 진출해 20세기 팝의 혁명을 이뤘듯, BTS는 21세기 팝의 혁명을 일으켰다. 미국 중심의, 영어 중심의 기존 위계질서도 부셨다. 영어 중심의 문화를 당연하게 여겨온 이들이 BTS를 알게 되면서 한국어를 배우기까지 하며 BTS의 노래를 따라 부르고 있는 것이다. 평생 한국을 방문한 적이 없는 사람들이, 한국어를 배울 이유가 전혀 없는 사람들이 단지 BTS의 노래가 좋아서 그 많은 수고를 감내하면서까지 한국어 가사를 공부하고 있는 것이다.

이는 인간이 언어적 영역에서보다는 비언어적 영역에서 더 깊은 소통을 하기에 가능했으리라. BTS가 포털사이트 네이버의 V LIVE에서 라이브 방송을 하면, 외국 팬들은 제대로 알아듣지 못한다. 한국어 문화권에서 나고 자란 사람만이 이해할 수 있는 정서가 담겨 있기 때문이다. 그러나 번역에 필요한 시간마저 BTS의 외국 팬들은 즐기고 있다고 한다.

우리는 지금도 "성공하려면 영어를 할 줄 알아야 한다"는 편견이 있다. 그러나 BTS는 그런 편견을 허물었다. BTS에 의해 언어의 위계가 뒤집힌 것이다. 물론 BTS가 미국 음반시장에 첫 발을 내딛었을 당시에는 "영어로 된 노래가 아니면 미국 땅에서는 성공하기 어렵다"는 인식이 업계에서는 당연시되었다. 그러나 마음의 울림이 더 가치 있다고 여기는 미국 내 아미 멤버들은 언어의 장벽을 부쉈다. BTS는 어설픈 영어 발음보다는 자신들의 모국어가 더 깊은 감동과 내면을 전달하는 데 보다 효과적임을 깨달았던 것이다. 이와 관련하여 RM의 언어 관련 인터뷰 내용이 생각난다.

"우리의 목표는 1위를 하는 것이지만, 그것은 말 그대로 목표일 뿐이다. 1위를 하기 위해 우리의 정체성을 바꾸거나 음악적 진정성을 버리고 싶지는 않다. 만일 우리가 어느 날 갑자기 모든 걸 바꿔 가사 전체가 영어로 된 노래를 부른다면? 그건 더 이상 BTS가 아닐 것이다."

특히, BTS의 노래는 깊이 있는 가사와 비유가 매력적이다. 이를 '영어'라는 언어의 감옥에 가둔다면 더 이상 BTS는 날지 못할 것이다. 자신의 모국어로만 표현이 가능한 깊은 감정과 감동이 있으니까. 그러한 깊은 감정과 감동은 다른 언어로는 표현할 수도 옮길 수도 없다.

제 3 장

'문화 콘텐츠'인 음반산업계의 새로운 힘

음악계에서 상승세에 있는 힙합 음악 분야를 점령한 K팝은 SNS와 유튜브에서 어느덧 왕 중 왕의 자리에 올랐다. 이전까지 음악계의 주류였던 미국 팝시장을 비롯한 서구의 팝시장에 아시아에서 온 소년들이 새로운 바람을 불어넣은 것이다.

인공지능(AI)의 고도 발전이 이루어낸 4차 산업혁명 시대, 이젠 누구나 스마트폰을 손에 쥐고서 풍요롭고 편리한 삶을 영위한다. 인류가 모바일 네트워크로 소통하는 이러한 포노-사피엔스(Phono-Sapiens)의 시대에 국경은 무너져내리고, 아미 같은 전 인류적 공동체의 영향력은 커질 것이다. 이 와중에 주목해야 할 것이 음반시장이다.

지금 BTS가 전 세계에 보여주는 선한 영향력은 '서구 중심의 시대' 이후의 세계가 어떻게 펼쳐질지를 짐작하게 한다. 북미와 유럽의 인구는 고작 11억 명, 하지만 아시아에는 44억 명이 살고 있다. 이는 아시아의 음반시장이 앞으로 얼마나 크게 확장할지를, BTS의 영향력이 얼마나 높아질지를 가늠케 한다.

실제로 2018년 이후 음반산업계에서 BTS의 성과는 미국 언론도 인정할 정도로 높아졌다. 영국 BBC 방송은 국제 음반산업협회의 보고서를 인용해, "BTS가 2019년 전 세계 음악산업에서 올린 매출은 191억 달러(약 22조 원)에 달했다. 지난 10년간의 음악계에서 가장 많은 수익을 낸 가수들이다"라고 전했다. 또한 BTS가 레코딩 아티스트 중 전 세계 앨범 판매 순위 2위를 기록하는 등, 영국 싱어송라이터 닉 드레이크 및 에드 시런과 함께 세계 음반시장 매출을 견인했다고 평가했다.

코로나19 사태에도 불구하고 BTS의 경제적 효과는 3조 원이 넘었다. 유행에 편승한 '반짝 인기'가 아니라, 음악·퍼포먼스의 실력 등 우수성을 두루 인정받았기 때문이다. 이는 BTS 멤버 개개인이 '붉은 여왕의 조언'대로 열심히 했기 때문이지만, 아울러 이들을 관리·지원하는 빅히트 엔터테인먼트 방시혁 대표의 천재성과 탁월한 경영의 리더십, 자율적 관리, 더 나가서 K팝과 관련 엔터테인먼트산업 전반의 세련됨 덕분이다. BTS가 탄생할 때부터 우리 민족 특유의 '흥(興)'에 대한 탁월한 감각도 더해졌다고 볼 수 있다.

2018년 12월 현대경제연구원이 발표한 보고서「BTS의 경제적 효과」에 따르면, BTS의 한 해 평균 국내 생산 유발 효과는 4조 1400억 원에 달했다. 여기에 타 산업에 미칠 수 있는 영향력인 부가가치의 유발 효과 1조 4200억 원도 더하면 BTS의 경제적 효과는 총 5조 5600억 원에 달한다. BTS가 데뷔한 2013년부터 2020년까지의 인기 상승 평균 수준을 2023년까지 유지한다면 총 10년간 유발할 경제적 효과는 약 56조 원에 달할 것이라고 한다. 이 액수는 한국개발연구원(KDI)이 2018년 평창동계올림픽과 관련해 추정한 생산·부가가치 유발 효과인 41조 원을 넘어서는 수치다.

빅히트 엔터테인먼트 방시혁 대표가 2019년 8월 회사 설명회에서

밝힌 상반기 매출액이 2001억 원에 달했다. 빅히트 엔터테인먼트로서는 역대 최고 실적이었다. 아울러 빅히트 엔터테인먼트의 기업 가치가 2조 원에 달한다는 분석까지 나오더니, 2020년 9월 2일 빅히트 엔터테인먼트는 코스피에 상장한 첫 번째 한국 연예기획사가 되었다. 이를 기념하기 위해 방시혁 대표는 BTS의 멤버들에게 '보너스'로서 빅히트 엔터테인먼트의 주식을 증여했다고 한다.

'서구 중심의 시대'가 저물고 아시아의 시대가 열렸다. 이를 맞이하여 음반산업 전반의 패러다임이 바뀌었던바, BTS는 기꺼이 변화를 감지했기에 새로운 문화 콘텐츠로 음반시장에 진출하여 성공한 것이다. BTS는 단순한 즐길거리에 불과했던 음악 예술을 고품질화하고, 팬들과 수평적 소통도 이루었다.

즉, BTS는 기존 아이돌들이 사용하던 '신비주의' 전략을 과감히 버리고, SNS를 활용해 멤버들의 생각과 경험을 팬덤인 아미의 멤버들과 공유해 진정성을 보임으로써 팬덤과 연대의식을 형성했다. 더군다나 아미는 BTS의 멋진 노래와 퍼포먼스 실력이 엄청난 노력의 결과임을 잘 알기에 BTS를 진정으로 사랑하는 것이다.

제 4 장

'민주시민' 아미의 희망

폴란드의 사회학자 지그문트 바우만은 "현대는 유동적인 것이 지배하는 시대"라고 주장했다. 소비자가 컴퓨터나 스마트폰으로 클릭 한 번 하는 것이 '내 존재를 세상에 알리기 위한 생존법'일 수도 있다면서 말이다. 아미의 멤버들 역시 이 격변하는 시대를 살아가면서 불안에 떠는, 불완전하고 평범한 시민일 뿐이다. 학교에서의 부적응과 왕따, 미래의 직업과 관련된 불안, 무한경쟁의 압박, 정치인들에 대한 불신, 주변 사람들과의 관계에서의 갈등, 자기 정체성의 흔들림 등 다양한 이유로 고통 받고 있다.

BTS는 이들에게 "보잘 것 없더라도 있는 그대로의 나 자신을 받아들이자. 용기를 내어 그런 나 자신을 사랑하자!"는 메시지를 보내고 있다. 이는 아미의 멤버들에게는 구원자의 메시지인 것이다. 종교인들이 자신의 신에게서 위로와 안식을 구하듯이, 아미의 멤버들도 BTS로부터 위로와 안식을 구하고 있는 것이다.

너무나 빨리 변화하기에 너무나 많이 복잡해지는 현대를 살아가다 보니 요즘에는 누구든 우울증 같은 성격적 장애를 한두 가지쯤 앓고 살아간다고 한다. 이런 사람들에게 "꿈이 없어도 괜찮아. 멈춰도 괜찮아"라고 속삭여준다면 어떨까? 물론 BTS가 우울증을 치료해줄 수는 없다. 하지만 내가 이 세상에서 버틸 수 있게 해주는 작은 힘이나마 주는 것은 확실하다. 꿈을 잃어버리고 염세적·비관적이 된 사람들이 BTS의 노래를 들은 뒤 다시 자유를 열망하면서 희망찬 미래를 목표로 도전하기 시작했다. 그러니 BTS는 21세기의 구원자다. BTS가 주는 위로와 감동은 이 시대, 특히 코로나19 사태를 겪고 있는 지금, 문화적·예술적 혁명을 일으키고 있으니까.

이런 BTS의 기반이 되어주는 아미가 존재할 수 있는 것은 유튜브 덕분이다. 유튜브는 '평범한 나'를 가장 잘 표현할 수 있는 도구이자, '평범한 문화 콘텐츠 소비자인 나' 또한 문화 콘텐츠의 생산자가 될 수 있게 해주었다. 즉, 수동적인 소비자에서 연예기획사 같은 주요 생산자에게 결정적 영향을 미칠 수도 있는 키플레이어(key player)가 될 수 있게 해준 것이다.

다들 아시다시피 유튜브에서는 누구나 클릭 몇 번으로 자신이 직접 제작한 동영상을 게시하고서 수익도 창출할 수 있다. 즉, 누구나 문화 콘텐츠 생산자가 될 수 있다. 말하자면 문화 분야에서 자유와 평등과 민주주의의 바람이 불고 있는 것이다. 이 바람이 부디 정치·경제·사회 분야 전반으로 확산되는 걸 기대해도 되지 않을까?

제 5 장

오늘도 '민주시민' 아미들은 꿈꾸어본다.
희망해본다!!!

BTS의 아버지와 팬덤의 문화적 권력

BTS는 막강한 SNS 파워와 전 세계적 팬덤에 힘입어 누구도 흉내낼 수 없는 강력한 신화를 쓰고 있다. 어떤 사람들은 SNS의 발달로 K팝 콘텐츠의 세계적 확산이 가능해졌고, 그래서 막강한 팬덤이 생겼기에 BTS의 성공도 가능했다고 주장한다. 과연 그런 이유만으로 BTS의 신화가 가능했을까? 이런 주장대로라면 수많은 다른 기획사들은 빅히트 엔터테인먼트와 달리 SNS를 제대로 활용하지 못한 것이다. 그래서 어쩌면 더더욱 빅히트 엔터테인먼트의 방시혁 대표에게 주목해야 하는 것이다.

방시혁 대표의 술에 취한 듯한 독특한 눈빛은 '나무늘보'를 연상시킬 정도로 온순하지만, 그 안에서는 올곧은 착함이 돋보인다. 하지만 방시혁 대표의 천재성과 예리한 안목과 조용하고 차분한 카리스마는 사람들을 압도한다. 서울대학교 미학과를 나와서 작곡가 겸 프로듀서로 수많은 히트곡을 제작한 BTS의 아버지다. 또한 K팝 그룹 최초로 '빌보드 뮤직 어워드(Billboard Music Awards)'에서 2017년에 수상하면서 BTS를 세계적 그룹으로 만들어 한류 확산에 크게 기여했다.

방시혁 대표는 항상 "SNS를 공략하는 것은 좋지만, SNS 지표는 궁극적인 상호 소통의 결과물이어야지, 목표물이 되어서는 안 된다!"라고 말하곤 한다. 즉, 대부분의 사람들은 SNS 구독자가 많아야 마케팅 파워나 미디어 파워가 생긴다고 오해하지만, SNS 운영의 주 목표는 스타와 팬들의 소통인 것이다. 스타와 팬들이 상대방의 이야기를 듣고 자신의 이야기를 하면서 신뢰가 쌓이고, 그것이 곧 SNS 파워 강화로 이어진다는 것이다. 또한 '자발적이고 자연스러우면서 꾸준한 노력'이야 말로 성공적인 온라인 콘텐츠와 SNS의 가장 큰 매력이라고도 말한다.

씨 뿌리고 조용히 추수하는 농부보다는 생존을 위해 여기저기 돌아다니며 먹잇감을 찾아 헤매는 사냥꾼과 같은, 즉 적극적이면서 아주 자연스러운 노력이 중요하다. 이렇게 하기 위해서는 자신부터 즐기고 좋아해야 한다. 그러려면 자신의 체면을 걸어야 한다. 그래야 자발적이고 꾸준한 노력을 할 수 있다. 아무리 열심히 일해도 '일 자체를 즐기는 사람'을 이길 수는 없다지 않는가.

1990년대에 태어난 밀레니엄 세대인 BTS의 멤버들은 인터넷과 스마트폰으로 거리낌 없이 자신들의 일상과 사고방식 등을 팬들에게 보여주고, 또 팬들과 적극적으로 소통한다. 이렇듯 컴퓨터·스마트폰 친화적인 젊은이들이 기꺼이 자신들의 진정성을 꾸준히 보여주고 감정을 솔직히 드러내며 팬들과 끊임없이 소통하니 전 세계적인 성공이 가능했던 것이다.

이제 BTS는 예전에는 한국인 중 누구도 언감생심 꿈도 못 꾸었던 미국의 음반시장의 중심에 우뚝 섰다. 이를 있게 해준 것은 유례를 찾기 어려울 정도로 다양한 인종과 나이·계층·국적의, 충성스러운 소비자인 동시에 열렬한 지지자인 아미다. 즉, 아미가 자발적으로 BTS가 일으킨 변화에 동참했기 때문이다. 아미와 같은 새로운 팬덤 문화는 따지고 보면 K팝의 역사적 성과임이 틀림없다.

저자약력

김은주

고려대학교 상담심리 석사
이화여자대학교 소비자인간발달학 박사
현) CNE 리서치 대표이사

심리학 전문가이자 칼럼니스트로 한양대학교 겸임교수를 거친 뒤 고려대학교, 동국대학교, 상명대학교 등에 출강하고 있다. 현재 일어나고 있는 사회·문화·경제·정치 분야에서의 심리적 현상에 관심을 갖고, 거기에 숨어 있는 인간 심리를 관찰하고 있다. 대학교에서 수차례 '최우수강의상'을 수상했으며, 일반인들에게 강연과 칼럼으로 심리학을 널리 알리기 위해 노력하고 있다. 주요 저서로『소비를 멈추니, 내가 보이네』,『묻다』,『Psychological Effect: 너 이거 알아!』등이 있다.

특히 이 책『희망은 반드시 시련을 품고 있다』는 한국 대표 아이돌 그룹 BTS가 한국 사회에 내재된 구조적 억압, 불평등, 편견 등과 관련된 문제를 그들 세대의 눈으로 읽어내고 음악으로 표현한 것과, BTS의 가사에 담긴 '현 세계를 바꿔야 할 이유'를 소개하고, 다 함께 그 길로 나아가자고 호소한다. 저자는 이 책을 통해 코로나 블루로 고통을 받는 현대인들을 위로해주는, 자랑스러운 K아이돌 BTS에게 존경심을 전달하고 있다.

희망은 반드시 시련을 품고 있다
-코로나 블루 시대에 BTS가 우리에게 말하는 이야기

초판발행   2021년 5월 20일

지은이   김은주
펴낸이   노 현

편 집   장웅진
기획/마케팅   김한유
표지디자인   박현정
제 작   고철민·조영환

펴낸곳   ㈜ 피와이메이트
            서울특별시 금천구 가산디지털2로 53 한라시그마밸리 210호(가산동)
            등록 2014. 2. 12. 제2018-000080호
전 화   02)733-6771
f a x   02)736-4818
e-mail   pys@pybook.co.kr
homepage   www.pybook.co.kr
I S B N   979-11-6519-157-3   03300

정 가   9,000원

박영스토리는 박영사와 함께하는 브랜드입니다.